出纳实务

主　编：傅秀敏

主　审：黄银婉

副主编：符　娜

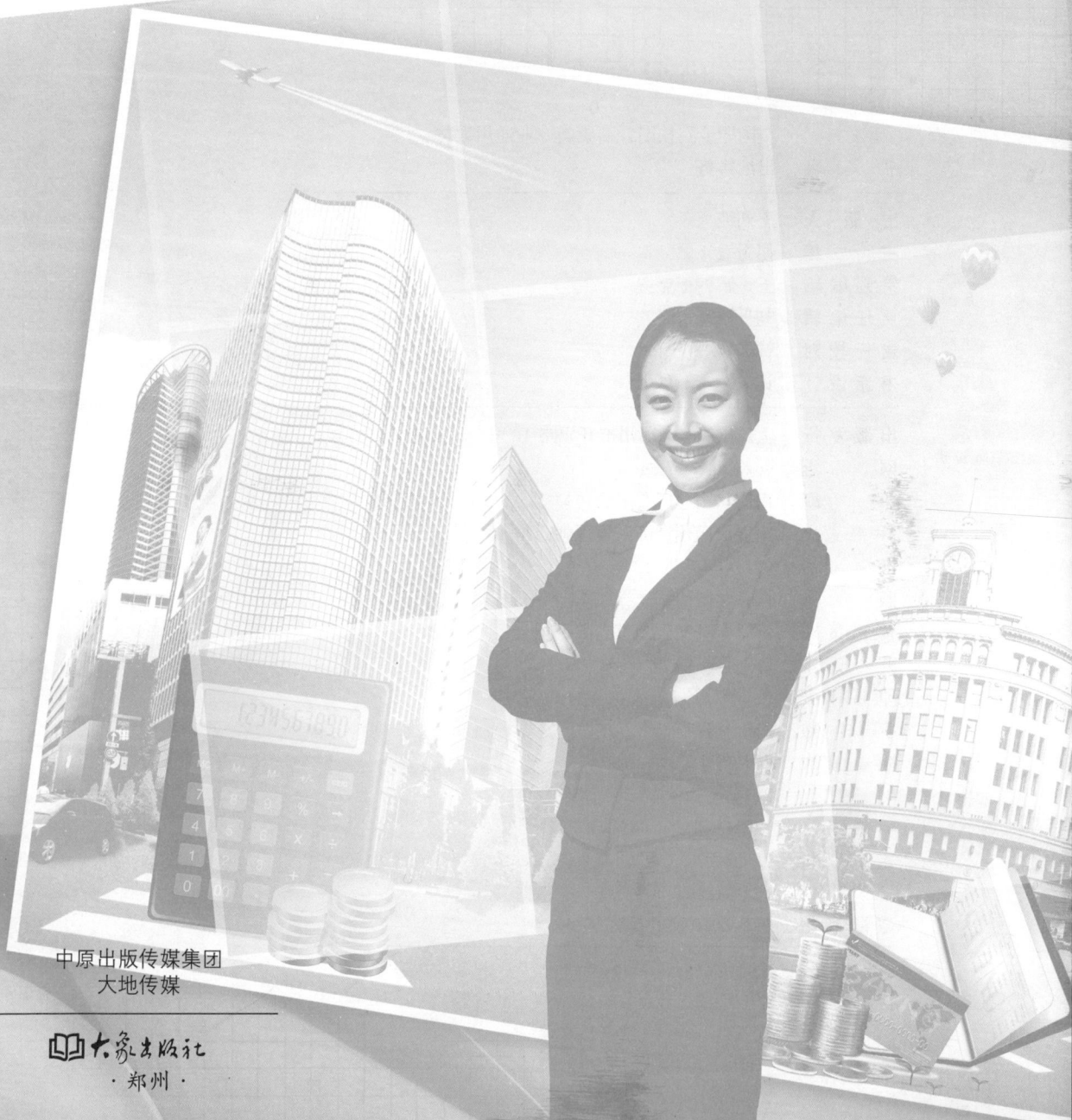

中原出版传媒集团
大地传媒

大象出版社
·郑州·

图书在版编目（CIP）数据

出纳实务 / 傅秀敏主编 . —— 郑州：大象出版社，
2016.3（2016.12 重印）
ISBN 978-7-5347-7772-1

Ⅰ . ①出… Ⅱ . ①傅… Ⅲ . ①出纳 – 会计实务 – 中等
专业学校 – 教材 Ⅳ . ① F233

中国版本图书馆 CIP 数据核字（2016）第 047456 号

全国职业院校财经商贸类专业通用教材

书　　　　名	出纳实务	
出　版　人	王刘纯	
主　　　编	傅秀敏	
策 划 编 辑	王　娟　　王克岚	
责 任 编 辑	刘丹博　　宋海波	
责 任 校 对	钟　骄	
书 籍 设 计	许云蒂	
出 版 发 行	大象出版社（郑州市开元路 16 号　　邮编　450044）	
网　　　址	www.daxiang.cn	
印　　　刷	南通印刷总厂有限公司	
厂　　　址	南通市通州经济开发区朝霞路 180 号	
电　　　话	0513–80237871	
照　　　排	南京文博印刷厂	
营 销 策 划	南京康轩文教图书有限公司	
开　　　本	787 毫米 ×1092 毫米　　1/16	
印　　　张	9	
字　　　数	180 千字	
版　　　次	2016 年 3 月第 1 版	
	2016 年 12 月第 2 次印刷	
标 准 书 号	ISBN 978-7-5347-7772-1	
定　　　价	22.00 元	
批 发 电 话	025-66602298	
盗 版 举 报	025-66602298	

图书若有印、装错误可向承印厂调换
提供盗版线索者给予重奖

前言 出纳实务 PREFACE

"出纳实务"是财经商贸类职业学校会计专业的一门主干课程。它的任务是，使学生具备成为高素质劳动者和从事会计核算与会计事务管理的专门人才。本教材讲解会计书写，点钞验钞，传票翻打，现金、发票、凭证、银行存款的管理以及税务登记等基础知识和基本技能。学生从中可以学习专业知识，培养职业技能，全面提高个人素质，增强适应职业变化的能力并为继续学习打下基础。

编写特点

1. 突出职教特色，强调技能训练

本教材内容突出学生动手能力的培养，充分体现理论知识够用、技能训练为主的思想。每一个话题都设有案例导入，通过具体的某个实际案例的导入展开整个话题的阐述，生动而充分地调动学生学习该话题的积极性。另外，每个探寻还设有情景导入，通过漫画形式导入相应的知识点讲解、分析、归纳，最后达到解决问题的目的。

2. 注重内容创新，适应实际需求

本教材在内容的安排与实际工作的结合、理论课时与实践课时比例的分配等方面都具有创新性，特别是在内容的安排上突出了新技术在财会领域的应用对会计人员知识技能的需求。定时点钞、传票翻打是会计技能比赛项目中非常重要的两项。为了满足会计技能竞赛训练的需要，本书结合了职业院校会计技能大赛的内容，切合实际需求，重点阐述点钞、传票翻打的训练内容和技巧方法，在内容结构和体例安排上也依据新颖和适用的原则，宜教宜学。

3. 教学方法多样，操作切实可行

在教学过程中，教师可利用各种教学工具、相关设备、多媒体投影等方式进行直观教学。有些话题的教学内容也可以现场教学，如点钞验钞、传票翻打机的使用、发票的使用管理等操作技能。通过组织学生现场模拟、演练、分组比赛或实际操作来实现教学目标，完成教学任务，定会收到良好的教学效果。

4. 避免内容重复，合理安排衔接

本教材是会计类专业必备的专业基础课，注重专业技能的培养和训练，有些话题的内容与"会计技能操作""计算机基础知识""工商登记"等课程相关，但内容侧重点不同。本教材主要是让学生初步了解和掌握从事出纳工作应具备的基本技能，属于基础性知识。组织教学时可以通过话题模块的选择来避免相关课程内容的重复与脱节。

5. 内容通俗、易懂、实用，便于因材施教

在编写时，突出了教材的易读、易理解、易操作性。其结构清楚、图文并茂、深入浅出、可读性较强，便于学生课下预习和自学，并能培养、锻炼和提高学生的理解能力和实际动手操作能力。同时，本书每个话题均配有相应的岗位训练，便于学生课后自测。

使用建议

本教材可供职业教育中会计专业或相关的经济类、管理类专业学生使用，也可作为会计岗位培训和相关人员的自学用书。

本教材建议教学时间为36课时（18个教学周，每周2学时），各话题的推荐参考课时参照下表。若将本教材与技能实训相结合，将达到事半功倍的效果。

话题名称	学时分配
话题1 从零开始学出纳，初次体验当出纳	6
话题2 火眼金睛辨假钞，快准齐步敲键盘	14
话题3 手中万金有出处，他人帮理自家财	6
话题4 进出账款有依据，打好根基开好局	5
话题5 偷税漏税须杜绝，查漏补缺防差错	5
总课时	36

本教材由广东省财经学校的傅秀敏（话题1、2、3）担任主编，广东省财经学校的符娜（话题4、5）担任副主编。全书由汕头市澄海职业技术学校的黄银婉审读，书中知识点由河南省财经学校的杨清波核对。此书在编写过程中得到了大象出版社和南京康轩文教图书有限公司的大力支持，在此一并表示感谢。

为了方便教师教学，本书配有相关教学资源，包括课件、教学简案和岗位训练参考答案等，**欢迎登录康轩职业教育网（www.knshzj.com）进行下载。**

为进一步提高本书质量，欢迎广大读者和专家对我们的教材提出宝贵的意见和建议。

编者

目录 CONTENTS

话题 **4** **进出账款有依据，打好根基开好局**
　　　——**会计凭证和发票的管理**

话题 **5** **偷税漏税须杜绝，查漏补缺防差错**
　　　——**其他基础知识**

主要人物

苏珊

　　某职业院校会计专业毕业生。刚任职 XX 有限公司出纳，性格活泼，学习认真，曾荣获全省点钞技能大赛第一名。

张姐

　　XX 有限公司会计，从事会计工作十多年，熟悉会计工作流程，具有很高的会计工作技能。

李总

XX 有限公司销售经理。从事销售工作十多年。平时工作会经常出差，与客户协商事宜，多次为公司追回货款。

故 事 背 景

今年，苏珊毕业于一所职业院校的会计专业，并取得了会计从业资格证书。在某招聘市场，她看到了一则招聘启事：

XX 建筑装饰实业有限公司

招聘职位：出纳

招聘人数：1 人

工作经验：不限

学历要求：中专

工资待遇：工资 3 000~5 000 元，交五险一金，双休，提供住宿。另有加班补助、过节福利、教育培训、年底双薪、集体旅游等。

面试中，苏珊过五关斩六将，凭借出色的表现从众多求职者中脱颖而出，赢得了这份工作，开始了她的出纳之旅……

从零开始学出纳，初次体验当出纳
—— 出纳岗位认知

案例导入

在一次招聘会上，苏珊应聘某单位的出纳员。面试时，该单位财务负责人提出了两个问题：

① 出纳是做什么的？

② 你认为自己能胜任出纳的岗位吗？

面对问题，苏珊沉着冷静地回答道："出纳主要负责管理单位的钱财及银行收支业务。我作为会计专业的毕业生，已考取会计从业资格证书，掌握相关的专业知识和基本技能，并且做事严谨。"同时，她把自己的相关证书递给了财务负责人。

问：1. 苏珊面试能成功吗？

2. 如果你是苏珊，你会如何回答？

探寻 1　出纳岗位的介绍

了解出纳常识。会计是会计，出纳是出纳，不能将两者混淆。那么，应该如何正确地理解出纳呢？

一、什么是出纳

"出纳"是会计学中的一个专业名词，也是会计核算中的一个专业岗位名称。"出纳"既能表示出纳工作，也能表示出纳人员（图1-1）。

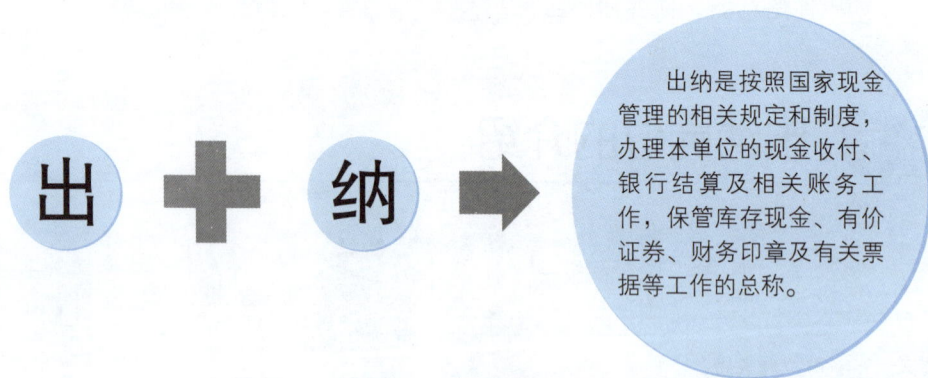

出 ＋ 纳 ➡ 出纳是按照国家现金管理的相关规定和制度，办理本单位的现金收付、银行结算及相关账务工作，保管库存现金、有价证券、财务印章及有关票据等工作的总称。

▲ 图1-1   出纳的定义

从广义上讲，只要是票据、货币资金和有价证券的收付、保管、核算工作或人员，都属于出纳。从狭义上讲，出纳仅指各单位会计部门专设出纳岗位或人员的各项工作。

例 多选：广义的出纳工作包括（   ）。

A. 现金的收付及保管   B. 银行存款的收付及管理   C. 财务印章的保管

D. 有关单据的整理和保管   E. 有价证券的整理和保管

提示 根据出纳的定义，了解国家现金管理是如何制定出纳的相关规定和制度的。

⚡ 知识链接

对出纳及出纳工作认识的误区

误区 1：出纳员就是收银员

不能简单地把出纳员描述为收银员。首先，收银员处于经济活动的第一线，他们负责各种票据和货币资金的收入，其中，收入的货币资金又由他们转交给单位的专职出纳。其次，收银员每天的工作流程就是收入、保管、核对与上交，一般不专门设置账户进行核算。所以，可以说收银员是出纳工作的派出人员，属于各单位的出纳队伍，但他们的工作只是整个出纳工作的一部分。

误区 2：出纳就是跑跑银行，记记账

出纳工作三分动手，七分动脑。"跑跑银行记记账"只是出纳工作"三分动手"的一部分，而需要出纳"七分动脑"的那部分却常常被人忽略。出纳不仅每天要跟形形色色的人打交道，而且常常涉及钱，一旦出现差错，具体的责任认定往往很难。在实际工作中，绝大多数的工作差错、财务事故甚至伤害案件，都因为缺乏"七分动脑"。

误区 3：出纳挣钱少

常听人说在财务部门工作好，但出纳挣钱少。出现这种说法主要有两方面原因：

① 单位领导认为出纳工作简单，忽视出纳岗位的重要性。

② 出纳没有让领导看到值得支付高薪的地方。

事实上，出纳经常接触领导，如果能提出好的建议，为单位的经营管理、资金风险控制等出谋划策，那么待遇肯定会得到改善。

误区 4：出纳管理资金不用斤斤计较

日常生活中，普通人很多时候只知道自己身上大概有多少钱，从来没有精确到几角几分。买东西时，多一元少一角也习以为常。但是，出纳管理一个单位的钱，每一元的收入、每一分的支出都要管理得清清楚楚、明明白白。

二、出纳工作的特点和职责

1. 出纳的特点

任何工作都有自身的特点和规律。出纳是会计工作的组成部分，具有一般会计工作的本质属性，但它又是一个专门的岗位、一项专门的技术，因此，出纳具有自己的工作特点。具体见表 1-1。

表 1-1　出纳工作的特点

特点	说明
社会性	出纳工作担负着一个单位货币资金的收付、存取任务，而完成这些任务要置身于整个社会经济活动的大环境之中，是和整个社会的经济运转相联系的
专业性	出纳工作是会计工作的一个重要岗位，有专门的操作技术和工作章程。要做好出纳工作，就需要在实践中不断积累经验，掌握工作要领，熟练使用现代化办公工具
政策性	出纳工作具有很强的政策性，其工作流程的每一环节都必须按照《中华人民共和国会计法》等相关国家政策、法规制度进行
时间性	出纳工作具有很强的时间性，例如，何时发放职工工资，何时核对银行对账单等，都有严格的时间要求。出纳人员在日常工作中应及时办理各项工作，保证出纳工作的质量
繁杂性	出纳工作主要核算与管理企业、行政事业单位流动资产中的货币性资产，具体包括现金、银行存款、有价证券等。此外，出纳人员还要每日或经常往返于单位、银行之间存款、取款、存取票据或单据等，以保证单位日常经营活动的需要

❓想一想

　　公司发放工资的时间为每月 10 号，所以出纳苏珊需在 10 号前核实公司每位员工的考勤，确保准时发放工资。这说明了出纳工作的什么特点呢？

　　2. 出纳的职责（图 1-2）

　　每个单位中，出纳室可谓"戒备森严"，闲杂人等不宜久留。因为涉及单位的一切货币资金都是通过这里转入或者转出。通俗地说，出纳的职责包括以下四点：

　　（1）管好钱

　　① 合理办理现金收付和银行结算业务，不得出租、出借银行账户。

　　② 保管好库存现金、票据和各种有价证券、印章等，并及时做好相关票据的使用和注销登记工作。

▲ 图 1-2　出纳的职责

　　③ 库存现金必须限制在一定范围内，多余的要按规定送存银行。

　　（2）用好钱

　　① 遇到不合法的收支和弄虚作假的行为绝对不予办理。

　　② 平时工作中尽量减少现金大额收支行为，以银行收付为主。

　　出纳每天和资金打交道，最清楚单位资金的来龙去脉及周转速度的快慢。因此，出纳可以向领导及时提供资金的使用及周转信息，适时提出合理利用资金的建议。

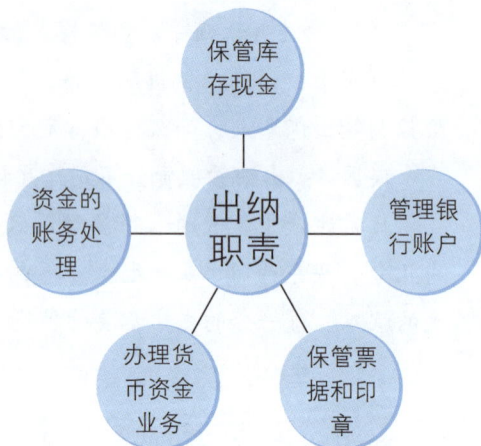

（3）审好单

认真审核与现金和银行存款收付业务相关的凭证。只要涉及现金和银行存款的收付，尤其是支付，必须在会计主管人员审核、批准后，出纳才可以支付。例如，工资、奖金及各种福利的发放，必须经人事部门核算审批后，方可办理。

（4）记好账

现金日记账应日清日结，并和库存（保险柜中的现金）进行核对。此外，银行存款日记账应做到日清月结。

> **例** 多选：出纳工作的岗位职责包括（　　　）。
>
> A. 库存现金的保管　　　B. 银行账户的管理　　　C. 有关票据和印章的管理
> D. 有关货币资金业务的办理　　E. 资金的账务处理

三、出纳工作的组织形式

1. 机构设置

出纳机构一般设置在会计机构内部，如在各企事业单位财会科、财会处内部设置专门处理出纳业务的出纳组、出纳室。

> 《中华人民共和国会计法》第三十六条规定："各单位应当根据会计业务的需要，设置会计机构，或者在有关机构中设置会计人员并指定会计主管人员；不具备设置条件的，应当委托经批准设立从事会计代理记账业务的中介机构代理记账。"

《中华人民共和国会计法》对各单位会计、出纳机构与人员的设置没有做出硬性规定。各单位可根据单位规模大小和货币资金管理的要求，结合出纳工作的繁简程度来设置出纳机构。以工业企业为例，大型企业可在财务处下设出纳科；中型企业可在财务科下设出纳室；小型企业可在财务股下配备专职出纳员。有些主管公司，为了有效管理资金和总体利用资金效益，将若干分公司的出纳业务（或部分出纳业务）集中起来办理，成立专门的内部"结算中心"，这种"结算中心"实际上也是出纳机构。

2. 人员配备

实行独立核算的企业单位，在银行开户的行政、事业单位，有经常性现金收入和支出业务的企业、行政事业单位都应配备专职或兼职出纳人员担任本单位的出纳工作。

配备多少出纳人员，主要取决于本单位出纳业务量的大小和繁简程度，以业务需要为原则，既要满足出纳工作量的需要，又要避免徒具形式、人浮于事的现象。一般可采用一人一岗、一人多岗、一岗多人等形式，具体见表1-2。

表 1–2　出纳人员配备形式

形式	适用范围
一人一岗	规模不大的单位，出纳工作量不大，可设专职出纳员一名
一人多岗	规模较小的单位，出纳工作量较小，可设兼职出纳员一名。无条件单独设置会计机构的单位，至少要在有关机构中（如单位的办公室、后勤部门等）配备兼职出纳员一名
一岗多人	规模较大的单位，出纳工作量较大，可设多名出纳员，分管不同的工作

出纳按职责细分有现金出纳和银行出纳。现金报销要找现金出纳，开取支票则要找银行出纳，两者各司其职。现金出纳和银行出纳的区别见表 1–3。

表 1–3　现金出纳和银行出纳的区别

	现金出纳	银行出纳
区别	负责现金业务，如收付现金，管理贵重物品等	负责银行业务，如现金缴存、提取，管理支票、汇票等票据
备注	如果企业规模较小，工作量不大，两项工作可以交由一个人来完成	

大家开支票、报销都来找我吧！我叫苏珊，是新上任的出纳，既管现金，也管银行业务哦！

四、出纳工作的基本原则

1.钱账分管原则

出纳工作的基本原则主要指内部牵制原则，又称钱账分管原则。

《中华人民共和国会计法》第三十七条规定："会计机构内部应当建立稽核制度。出纳人员不得兼任稽核、会计档案保管和收入、支出、费用、债权债务账目的登记工作。"

钱账分管原则指凡是涉及款项和财物收付、结算及登记的任何一项工作，必须由两人或两人以上分工办理，以起到相互制约的作用。例如，现金和银行存款的支付，应由会计主管人员或其授权的代理人审核、批准，出纳人员付款，记账人员记账。又如发放工资，应由工资核算人员编制工资单，出纳人员分发工资，记账人员记账。

出纳是各单位专门从事货币资金收付业务的会计人员。根据复式记账原则，每发生一笔货币资金收付业务，必然改变收入、费用或债权债务等账簿的数据。如果将这些账簿登记工作交由出纳办理，就会给贪污舞弊的人提供可乘之机。同样，如果将稽核、内部档案保管工作交由出纳经管，就难以防止利用抽换单据、涂改记录等手段进行舞弊的行为。总之，钱账分管原则是出纳工作的一项重要原则，各单位都应建立健全管理制度，防止营私舞弊行为的

发生，维护国家和单位的财产安全。

小提示

出纳人员不是完全不能记账。只要所记账务内容不涉及收入、费用、债权债务等方面，出纳人员可以承担一部分记账工作。

案例

A 公司的王出纳同时兼任会计档案保管、应收账款明细账登记等工作。请问：A 公司的会计人员配备符合要求吗？

◆**分析**

《中华人民共和国会计法》《会计基础工作规范》对出纳人员的工作内容做了明确规定：会计工作岗位可以是一人一岗、一人多岗或一岗多人，但是，出纳人员不得兼任稽核、会计档案保管和收入、支出、费用、债权债务账目的登记工作。本案例中的王出纳同时兼任会计档案保管、应收账款明细账登记工作，不符合相关法律制度的规定。

2. 职业道德

除了遵守出纳工作的基本原则，出纳还需要坚持高素质的做人原则，如图 1-3 所示。

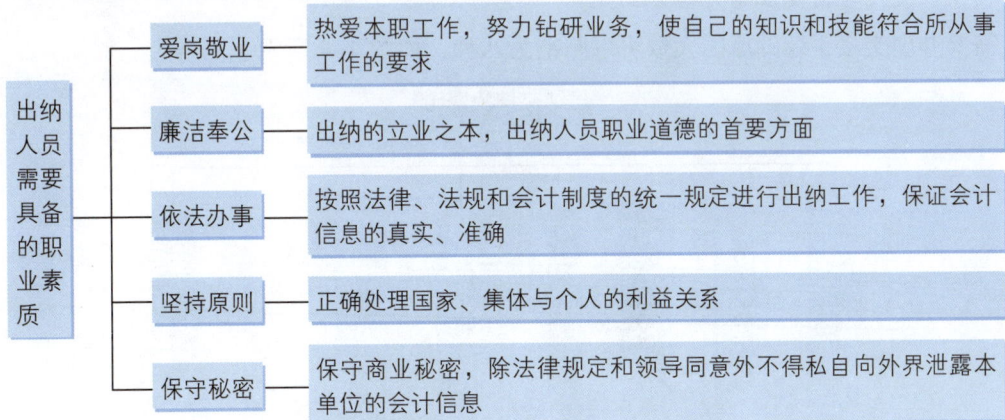

出纳人员需要具备的职业素质		
	爱岗敬业	热爱本职工作，努力钻研业务，使自己的知识和技能符合所从事工作的要求
	廉洁奉公	出纳的立业之本，出纳人员职业道德的首要方面
	依法办事	按照法律、法规和会计制度的统一规定进行出纳工作，保证会计信息的真实、准确
	坚持原则	正确处理国家、集体与个人的利益关系
	保守秘密	保守商业秘密，除法律规定和领导同意外不得私自向外界泄露本单位的会计信息

▲ 图 1-3　出纳人员需要具备的职业素质

注意

一名出色的出纳人员一定要严格按照规定的原则完成工作。

案例

某公司因业务发展需要，招聘了一名出纳张旭。开始，张旭勤恳敬业，公司领导和同事对他的工作都很满意。好景不长，张旭开始涉足股市，但他进入股市后很快被套牢，又缺少资金翻本，从而对公司的资金动了邪念。凭着财务主管对他的信任，张旭擅自使用财务主管的财务专用章在自己保管的空白现金支票上任意盖章取款。月底，银行对账单也是他到银行提取且自行核对。因此，他的行为很长一段时间都未被发现。至案发，公司蒙受了巨大的经济损失。请问：该公司财务制度存在哪些缺漏？

◆分析

张旭利用职务之便，反复利用银行支票"吞食"公款却不被发现，说明公司的货币资金管理严重失控。如在对印鉴的管理上，该公司印鉴虽然是分开管理，但管理人没有真正负起责任，导致出纳可以任意使用银行印鉴，从而让张旭钻了空子，这种分开管理形同虚设。而且，公司财务管理没有切实做到日清月结、定期盘点，没有遵守钱账分管原则。

五、出纳工作交接的具体内容

1. 交接规定

根据《会计基础工作规范》的规定，出纳人员（含临时代理出纳工作的人员）凡因故不能在原出纳岗位工作时，均应向接管人员（含原被代理人员）办理移交手续；没有办清交接手续的，不得调动或者离职。这是出纳人员对工作应尽的职责，也是分清移交人员和接管人员责任的重要措施。

❓想一想

苏珊第一天作为出纳开始工作，她需要进行出纳工作岗位的交接。哪些工作内容需要进行交接呢？交接时需要注意哪些方面呢？

需要办理交接手续的原因大致可以归纳为八种，如图1-4所示。

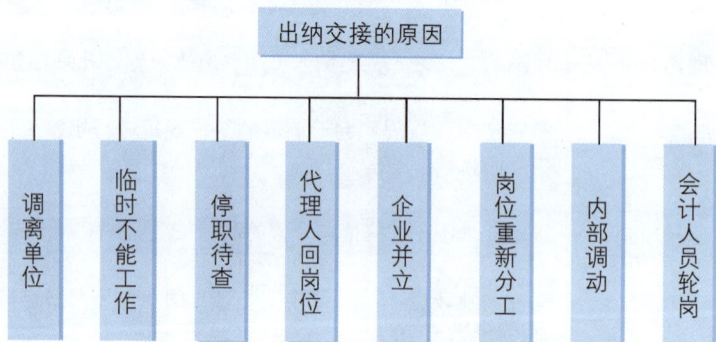

```
                    出纳交接的原因
    ┌────┬────┬────┬────┬────┬────┬────┬────┐
  调离  临时  停职  代理  企业  岗位  内部  会计
  单位  不能  待查  人回  并立  重新  调动  人员
       工作       岗位       分工       轮岗
```

▲ 图1-4　办理出纳工作交接的原因

案例

许飞第一天刚到公司任职出纳，遇见何东拿着差旅费报销单过来想要报销。请问：许飞应该立即给何东报销差旅费吗？为什么？

◆分析

因为许飞是第一天上班，应该和原出纳办理交接手续后再根据具体情况予以办理，不能立即给何东报销差旅费。

2. 交接要点

出纳工作交接时应做到以下两点：

①移交人员与接管人员之间办清交接手续。

②交接过程须由专人负责监交。交接时，要进行财产清理，做到账账核对、账款核对。交接清楚后，应填写移交表，将所有移交的票、款、物编制详细的移交清册，按册向接交人点清。交接核对无误后，由交、接、监三方签字盖章。

3. 交接内容

出纳工作交接的内容包括现金、贵重物品，有价证券，发票，支票，印章，会计账证，收款收据及其他资料，具体见表 1-4。

表 1-4   出纳工作交接的具体内容

交接物品	具体内容
现金、贵重物品	库存人民币、外币、金银珠宝和其他贵重物品
有价证券	国库券、债券、股票等
发票	空白发票和已用发票（含作废发票）
支票	空白支票和作废支票
印章	财务专用章、银行预留印鉴及"现金收讫""现金付讫""银行收讫""银行付讫""作废"等业务专用章
会计账证	原始凭证、记账凭证、日记账、备查账簿、出纳报告等
收款收据	空白收据和已用收据（含作废收据）
其他资料	银行对账单，应由出纳保管的合同、协议等

4. 交接程序

（1）交接前

① 对尚未登记完的现金、银行存款日记账，应当登记完毕，并在最后一笔余额后加盖出纳人员名章。

② 出纳日记账要和总账核对相符；现金日记账余额要和库存现金实有数核对相符；银行存款日记账余额要和银行对账单核对无误，否则调节相符。

③ 在出纳账启用表上填写移交日期，并加盖名章。

④ 整理需移交的各种资料，对未了事项和遗留问题作书面说明。

⑤ 编制移交清册，写清应该移交的账簿、凭证、现金、有价证券、支票簿、文件资料、印鉴和其他物品的具体名称和数量。

（2）交接时

① 现金、有价证券要根据现金日记账和备查簿的有关记录当面点交。出现问题时，移交人负责查清。

② 出纳账和其他会计资料必须完整无缺，若有短缺，需在移交清册上注明，由移交人负责。

③ 接交人应该核对出纳账和总账是否相符，出纳账、库存现金和银行对账单的余额是否相符，如有不符，在移交清册上注明，由移交人负责。

④ 接交人按移交清册点收票据、印章和其他实物，电算化企业在实际操作状态下确认有关电子数据无误后方可交接。

⑤ 接交人办理接收后，应在出纳账启用表上填写接收时间，并签名盖章。

（3）交接后

① 出纳工作交接完毕后，交接双方和监交人员要在移交清册上签名盖章，并注明单位名称，交接日期，交接双方和监交人的职务、姓名，移交清册页数及需要说明的问题和意见等。

② 接交人应继续使用移交前的账簿，不得擅自另立账簿，以保证会计记录前后衔接，内容完整。

③ 移交清册填制一式三份，交接双方各持一份，存档一份。

知识链接

出纳人员工作交接书示例

原出纳人员王某，因从 ×× 企业辞职，财务部决定将出纳工作移交给杨某接管，交接内容如下：

1. 交接日期

2015 年 8 月 10 日。

2. 具体业务的移交

（1）库存现金：2015 年 8 月 10 日账面余额 9 600 元，实存相符，日记账余额与总账相符。

（2）银行存款：银行存款余额 890 万元，经编制"银行存款余额调节表"核对相符。

3. 移交的会计凭证、账簿、文件

（1）现金日记账：本年度现金日记账 1 本。

（2）银行存款日记账：本年度银行存款日记账 2 本。

（3）现金支票：空白现金支票 40 张（× 号至 × 号），空白转账支票 70 张（× 号至 × 号）。

（4）对账单：银行对账单 1~8 月份共 8 本，8 月份未达账说明 1 份。

（5）账簿：托收承付登记簿 1 本，付款委托书 1 本。

（6）金库暂存物品明细表 1 份，与实物核对相符。

4. 印章

×× 企业财务印章：转讫印章 1 枚，现金收讫印章 1 枚，现金付讫印章 1 枚。

5. 交接前后工作责任的划分

2015 年 8 月 10 日前的出纳责任事项由王某负责，2015 年 8 月 10 日起的出纳工作由杨某负责。以上移交事项均经交接双方认定无误。

6. 本交接书一式三份，双方各执一份，存档一份

移交人：王某（签名盖章）

接交人：杨某（签名盖章）

监交人：刘某（签名盖章）

六、出纳与其他财务人员的关系

1. 出纳与会计的关系

从分管的账簿不同，可分为总账会计、明细账会计和出纳。三者既有区别又有联系，是分工与协作的关系。

（1）分工不同（表 1-5）

表 1-5　总账会计、明细账会计和出纳的分工

职位	工作职责
总账会计	单位经济业务的总括核算，为单位经济管理和经营决策提供总括的全面的核算资料
明细账会计	管理单位的明细分类账，为单位经济管理和经营决策提供明细分类核算资料
出纳	单位票据、货币资金以及有价证券等的收付、保管、核算，为单位经济管理和经营决策提供各种金融信息

（2）既相互依赖又相互牵制

出纳、明细账会计和总账会计，他们核算的依据相同，都是会计原始凭证和会计记账凭证。如图 1-5 所示，这些会计凭证在三者之间按照一定的顺序传递。他们利用对方的核算资料，互相牵制，共同完成会计任务。

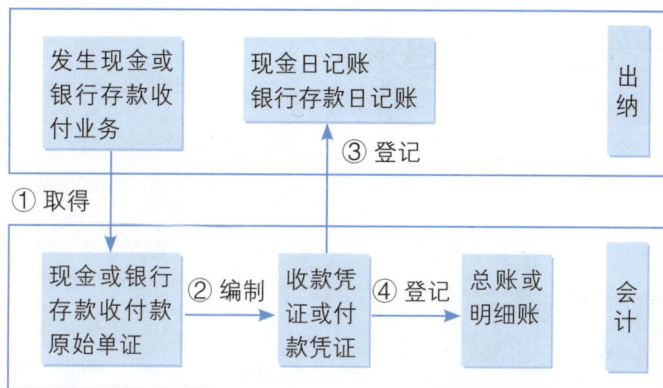

▲ 图 1-5　出纳和会计的工作流程

2. 出纳与其他财务人员的不同

（1）出纳核算是特殊的明细核算

出纳需要按照现金和银行存款分别设置日记账。银行存款还要按照存入的不同户头分别

设置日记账，逐笔序时地进行明细核算。"现金日记账"要每天结出余额，并与库存数进行核对；"银行存款日记账"也要在一个月内多次结出余额，并与开户银行进行核对。

（2）出纳账实兼管

出纳工作主要是现金、银行存款和各种有价证券的收支与结存核算，以及现金、有价证券的保管和银行存款账户的管理。除了出纳，其他财会人员是管账不管钱，管账不管物的。

（3）出纳工作直接参与经济活动过程

货物的购销经过两个过程：货物移交和货款结算。其中，货款结算的收入与支付必须通过出纳来完成。而且，往来款项的收付、**各种有价**证券的经管以及其他金融业务的办理也离不开出纳人员的参与。其他财务工作一般**不直接参与**经济活动过程，而只对其进行反映和监督。

✐知识链接

出纳三字经

出纳员，很关键；静头脑，清杂念。 业务忙，莫慌乱；情绪好，态度谦。

取现金，当面点；高警惕，出安全。 收现金，点两遍；辨真假，免赔款。

支现金，先审单；内容全，要会签。 收单据，要规范；不合规，担风险。

账外账，甭保管；违法纪，又罚款。 长短款，不用乱；平下心，细查点。

借贷方，要分清；清单据，查现款。 月凭证，要规整；张数明，金额清。

库现金，勤查点；不压库，不挪欠。

探导 2　出纳人员的要求

燕姐为什么离开了心爱的财务岗位呢？

一、出纳人员的回避制度

国家机关、国有企业、事业单位任用会计人员应当实行回避制度。

① 单位负责人的直系亲属不得担任本单位的会计机构负责人、会计主管人员。

② 会计机构负责人、会计主管人员的直系亲属不得在本单位会计机构中担任出纳工作。直系亲属关系包括夫妻关系、直系血亲关系、三代以内旁系血亲以及近姻亲关系。

案例

　　钱桥纺织厂是一家国有企业。2015 年 7 月，经上级主管单位任命，会计科长甲的丈夫乙担任该厂厂长。同月，甲的侄女丙调到该厂会计科担任出纳工作，丙已取得会计从业资格证。请问：上述的任命合理吗？为什么？

◆分析

　　根据《会计基础工作规范》的规定，国有单位负责人的（直系）亲属不得担任本单位的会计机构负责人。所以，会计科长甲与其丈夫厂长乙之间应该遵守回避制度。根据《会计基础工作规范》的规定，会计机构负责人的直系亲属不得在本单位会计机构中担任出纳工作。所以，丙担任钱桥纺织厂的出纳工作不符合法律规定。

二、出纳人员需完成的报告

会计要做报表，出纳也要做出纳报告。出纳报告是出纳工作的最终成果，也是单位管理者进行经营决策的重要依据，因此必须保证出纳信息的真实性、完整性和准确性。出纳人员应根据单位内部管理的要求设计符合单位实际情况的出纳报告，定期编制并及时报送，以充分反映本单位一定时期内的货币资金和有价证券的收、支、存情况，并与总账会计核对期末余额。

1. 出纳报告的基本格式

出纳人员记账后，应根据现金日记账、银行存款日记账、有价证券明细账、银行对账单等核算资料，定期编制"出纳报告单"和"银行存款余额调节表"。出纳报告单的形式如图1-6所示。

出纳报告单

编号：

单位名称：　　　　　　　　　　　　　年　月　日至　　年　月　日

项目	库存现金	银行存款	有价证券	备注
上期结存				
本期收入				
合计				
本期支出				
本期结存				

主管：　　　记账：　　　出纳：　　　复核：　　　制单：

▲ 图1-6　出纳报告单

2. 编制出纳报告的注意事项（表1-6）

表1-6　编制出纳报告的注意事项

注意事项	具体内容	
编制要及时	出纳报告单的报告周期与本单位总账会计汇总记账的周期一致，如本单位总账10天汇总1次，则出纳报告单也应10天汇总1次	
账表内容一致	出纳报告单上的项目内容应当与出纳日记账、有关明细账和备查账簿内容相符，保证出纳信息的真实、完整、准确	
项目填写要全	上期结存	报告期前一期的期末结存数，也就是本报告期前一天的账面结存金额。此栏数字，可直接抄录上一期出纳报告单的"本期结存"栏内容
	本期收入	对应账簿的本期借方合计数
	合计	"上期结存"与"本期收入"的总和
	本期支出	对应账簿的本期贷方合计数
	本期结存	本期期末账面结存数字，即"本期结存"="合计"－"本期支出"。出纳报告单上的信息应与实际结存数保持一致
报送范围和程序要确定	未经有关领导批准，不得随意泄露出纳报告的内容。在接受工商、税务、审计等部门的检查时，出纳人员不得隐瞒、篡改出纳报告的内容	

案例

苏珊在编写出纳报告单时，有一笔预收款3 000元现金和业务员借出的差旅费800元借款单不知如何编入。有人说，这种情况可以通过建立备查单的形式进行登记，即编写出纳报告单时，将备查单内的数据增加进去即可。这种说法对吗？

◆分析

本着实事求是的原则，出纳报告单应当如实反映报告期间资金运转的全部数据。出现预收、借出、预付等情形，都应当及时登账，而不是仅仅记录最终数据。

经验谈

每天4个时间点搞定出纳工作

1. 打卡后的前5分钟

先检查办公设施是否被人移动或打开过。再打开保险柜，清点其中的物品，包括印章、现金、支票等，看是否有丢失。然后向会计请示当天需要新增支付的资金计划，完善自己当天的工作计划，分出轻重缓急，进行合理安排，避免误事。

2. 工作的7小时25分钟

按先来后到的顺序开始办理各项对内、对外的收、付款业务。收、付款时，要审核发票等原始凭证和审批手续。付款手续一定要有负责人签字。在支付现金时，领款人要签字确认。领取支票要在支票领取簿上签字。趁着无人办理业务时，及时填写记账凭证，登记现金日记账和银行存款日记账。

3. 下班前30分钟

用网上银行系统查询银行账户余额，并与银行日记账进行核对。清点库存现金，并与现金日记账进行核对。如果发生账款不符，要立即查清原因。若自己无法查清，则立刻请会计帮助，并做出调整。将当天完成的现金和银行存款余额报表交给会计，以便与会计整理的总账及明细账核对。

4. 即将打卡下班

先将办公桌上的所有凭证、账簿、报表和其他涉密资料放入文件柜并上锁。再将现金、支票、印章等贵重物品放入保险柜并上锁。然后环视一遍，确认该锁的物件都已经锁好。最后整理桌面和办公环境，做到物品摆放井井有条。

因为每月末、每季末、每年末出纳还会有些特殊的事要做，所以上述内容只是出纳一天工作的大体流程。

总之，可以将出纳工作的经验概括为一句话：集中精力，有条不紊，严谨细致，沉着冷静。

岗位训练

一、单选题

1. 想从事财务工作首先要具有准入证。这个准入证是（　　　）。

   A. 律师证　　　　　　　　　　　B. 会计从业资格证

   C. 营销员证　　　　　　　　　　D. 秘书证

2. 会计从业资格考试是由国家财政部组织的全国性考试，全国使用统一的大纲，各地自行编制教材及安排考试时间。考试的内容分三门，分别是《会计基础与实务》《初级会计电算化》和（　　　）。

   A.《财经法律与会计职业道德》　　B.《经济法》

   C.《税法》　　　　　　　　　　D.《工商行政管理》

3. 出纳人员可以兼任（　　　）工作。

   A. 稽核　　　　　　　　　　　　B. 收入、支出、费用、债权债务账目的登记

   C. 会计档案保管　　　　　　　　D. 固定资产明细账的登记

4. 出纳最基本的职能是（　　　）。

   A. 收付职能　　　　　　　　　　B. 反映职能

   C. 监督职能　　　　　　　　　　D. 管理职能

5. 下列选项中，能体现办理现金业务不相容岗位相互分离的是（　　　）。

   A. 由出纳人员兼任会计档案保管工作

   B. 由出纳人员保管签发支票所需全部印章

   C. 由出纳人员兼任收入总账和明细账的登记工作

   D. 由出纳人员兼任固定资产明细账及总账的登记工作

6. 出纳通常包含两层意思：一是指出纳工作，就是现金及票据的收入、付出、结存业务；二是指（　　　），就是办理上述业务的人员。

   A. 出纳人员　　　　　　　　　　B. 行政人员

   C. 后勤人员　　　　　　　　　　D. 秘书人员

7. 从实际经验出发，以下不属于出纳工作保密意识的表现是（　　　）。

   A. 管门（随手关闭房门）

   B. 管物（离开时随时将各种工作物品归柜归箱）

   C. 管吃（吃尽天下美食）

   D. 管口（不打听，不传播，多观察业务往来情况，多考虑存在的风险，并与上级研究对策）

8. 以下反映出纳业务三字经的是（　　　）。

   A. 人之初，性本善；性相近，习相远　　B. 库现金，勤查点；不压库，不挪欠

   C. 父子恩，夫妇从；兄则友，弟则恭　　D. 诗书易，礼春秋；号六经，当讲求

9. 出纳工作的基本原则是（　　　　）。

    A. 内部牵制原则　　　　　　　　　　B. 权责发生制原则

    C. 配比原则　　　　　　　　　　　　D. 实质重于形式原则

10. 下列选项中，不符合现金管理的基本原则的是（　　　　）。

    A. 钱账分管原则　　　B. 收付合法原则　　　C. 日清月结原则　　　D. 历史成本原则

二、多选题

1. 出纳主要负责单位的（　　　　）工作。

    A. 货币资金核算　　　B. 往来结算　　　　　C. 工资核发　　　　　D. 产品销售

2. 出纳工作的特点是（　　　　）。

    A. 社会性　　　　　　B. 专业性　　　　　　C. 政策性　　　　　　D. 时间性

3. 出纳工作的基本要求是（　　　　）。

    A. 政策水平　　　　　B. 业务技能　　　　　C. 工作作风　　　　　D. 道德修养

4. 出纳工作岗位的职责包括（　　　　）。

    A. 库存现金的保管　　　　　　　　　B. 银行账户的管理

    C. 有关票据和印章的管理　　　　　　D. 有关货币资金业务的办理

5. 出纳人员的配备一般可采用（　　　　）。

    A. 一人一岗　　　　　B. 一人多岗　　　　　C. 一岗多人　　　　　D. 多人多岗

6. 出纳人员应该遵守的职业道德有（　　　　）。

    A. 敬业爱岗，熟悉法规　　　　　　　B. 依法办事，客观公正

    C. 搞好服务，保守秘密　　　　　　　D. 清正廉洁，坚持原则

7. 出纳与其他财务人员之间的关系是（　　　　）。

    A. 各有各的分工

    B. 既相互依赖又相互牵制

    C. 出纳与明细账会计的区别是相对的，出纳核算也是一种特殊的明细核算

    D. 出纳工作是一种账实监管的工作

8. 出纳人员不能兼任的工作有（　　　　）。

    A. 会计档案保管　　　　　　　　　　B. 应收账款明细账登记

    C. 营业费用明细账登记　　　　　　　D. 固定资产明细账登记

9. 根据《会计基础工作规范》的规定，国家机关、国有企业、事业单位任用会计人员应当实行回避制度。单位领导人的直系亲属不得担任本单位的会计机构负责人、会计主管人员。会计机构负责人、会计主管人员的直系亲属不得在本单位会计机构中担任出纳工作。需要回避的直系亲属包括（　　　　）。

    A. 邻居关系　　　　　　　　　　　　B. 夫妻关系

    C. 直系血亲关系　　　　　　　　　　D. 三代以内旁系血亲以及近姻亲关系

10. 出纳工作的职能是（　　　　）。

　　A. 收付职能　　　　B. 反映职能　　　　C. 监督职能　　　　D. 管理职能

三、判断题

1. 出纳不得兼任稽核、会计档案保管和收入、支出、费用、债权债务账目的核算登记工作。　　　　　　　　　　　　　　　　　　　　　　　　　　　　（　　　）

2. 出纳就是收银员。　　　　　　　　　　　　　　　　　　　　　　　　（　　　）

3. 出纳工作是管理货币资金、票据、有价证券进进出出的一项工作。从广义上讲，只要是票据、货币资金和有价证券的收付、保管、核算，就都属于出纳工作。（　　　）

4. 出纳工作的基本原则指内部牵制原则。　　　　　　　　　　　　　　　（　　　）

5. 根据《会计基础工作规范》的规定，出纳人员（含临时代理出纳工作的人员）凡因故不能在原出纳岗位工作时，均应向接管人员（含原被代理人员）办理移交手续；没有办清交接手续的，不得调动或者离职。　　　　　　　　　　　　　　　　　　　（　　　）

6. 出纳人员为了管理资金的方便，可以在自己的个人账户里长期或临时存放单位的资金。
　　　　　　　　　　　　　　　　　　　　　　　　　　　　　　　　　（　　　）

7. 出纳工作交接要做到两点：一是移交人员与接管人员要办清手续；二是交接过程中要有专人负责监交。　　　　　　　　　　　　　　　　　　　　　　　　　（　　　）

8. 出纳工作交接时，移交人员移交其经办会计工作期间内的会计资料，应当对这些会计资料的真实性、完整性负责。即使接交人员在交接时因疏忽没有发现问题，若事后发现，仍应由原移交人员负责，且原移交人员不应以会计资料已移交而推脱责任。　　（　　　）

9.《中华人民共和国会计法》第三十六条规定："各单位应当根据会计业务的需要，设置会计机构，或者在有关机构中设置会计人员并指定会计主管人员；不具备设置条件的，应当委托经批准设立从事会计代理记账业务的中介机构代理记账。"　　　　（　　　）

四、综合题

1. 下午 6 点，出纳员黛丽匆忙锁上抽屉，准备下班。办公桌上随意丢放着票据和印章……第二天上班，当需要开具现金支票提取现金时，黛丽焦头烂额地寻找印章。最后，崔会计帮助黛丽找到了印章。请问：黛丽在工作中哪些地方做得不对？应该怎么做？

2. 请根据以下信息，办理出纳工作交接，填制出纳工作交接书。

　　材料：北京京川明都有限责任公司出纳员李华因退休离职，经公司研究决定由许云接替其工作，现根据《会计基础工作规范》于 2015 年 11 月 3 日办理交接手续，监交人是会计主管文建。双方交接内容如下表所示：

交接内容	具体事项
库存现金	11 月 3 日账面余额 3 068 元，与实存数相符，日记账余额与总账相符
银行存款	11 月 3 日银行存款余额 526 730 元，经编制"银行存款余额调节表"核对相符
会计凭证、账簿、文件	① 本年度现金日记账 1 本； ② 本年度银行存款日记账 2 本； ③ 空白现金支票 7 张（330941678 号到 330941684 号）； ④ 空白转账支票 6 张（33909567 号到 33909572 号）； ⑤ 应收票据备查登记簿 1 本； ⑥ 应付票据备查登记簿 1 本； ⑦ 转账支票领用登记簿 1 本； ⑧ 托收承付、委托收款登记簿 1 本； ⑨ 托收承付、委托付款登记簿 1 本； ⑩ 贵重物品明细表 1 份及银行对账单 1 到 10 月份共 10 份
印鉴	① 北京京川明都有限责任公司财务处转讫章 1 枚； ② 北京京川明都有限责任公司财务处现金收讫印章 1 枚； ③ 北京京川明都有限责任公司财务处现金付讫印章 1 枚； ④ 北京京川明都有限责任公司财务处银行收讫印章 1 枚； ⑤ 北京京川明都有限责任公司财务处银行付讫印章 1 枚； ⑥ 北京京川明都有限责任公司法人章 1 枚

火眼金睛辨假钞，快准齐步敲键盘
——出纳基本功

案例导入

某财经学校 2015 年度会计电算化技能竞赛于 12 月中旬举办。2014 届会计电算化六个班级共有 4 名学生参赛。参赛结果显示，4 名学生的理论成绩相差无几，但在使用会计电算化畅捷通 T3 软件建立账套，尤其在期初余额、发生额（记账凭证）、职工薪酬计算、财务报表（利润表、资产负债表等，主要考查输入数学公式）、科目余额表等需要录入大量数据时，4 名学生的比赛成绩产生了巨大差距，1 名学生的比赛成绩遥遥领先。赛后，老师询问了 4 名学生，得知如果被给予充足的做题时间，大家都能够做完、做对。

问：1. 4 名参赛学生的理论成绩相差无几说明了什么？

2. 为什么 1 名学生的成绩能脱颖而出？

探导 1 数码字的书写

情景导入

出纳人员（包括一些金融事务工作人员）经常会填制凭证、记账、结账和对账，要写大量的文字和数字，尤其是数字。如果数字书写不正确、不清晰、不符合规范，就会给工作带

来很大的麻烦。所以，凭证的处理、账簿的登记、报表的编制都需要使用规范的文字和数字。若要使书写的文字和数字均正确、清晰、流利、匀称，就需要掌握一些书写技巧和技能。

　　我国经济工作中常用的数字的书写包括小写数码字、中文大写数码字及数位名称专用汉字。其中，数字写法见表 2-1。

表 2-1　数字写法对照表

阿拉伯数字	中文小写数字	中文大写数字
0	○	零
1	一	壹
2	二	贰
3	三	叁
4	四	肆
5	五	伍
6	六	陆
7	七	柒
8	八	捌
9	九	玖
10	十	拾
20	二十 / 廿	贰拾 / 念
30	三十 / 卅	叁拾
40	四十 / 卌	肆拾
100	一百	壹佰
1 000	一千	壹仟
10 000	一万	壹万
100 000 000	一亿	壹亿

一、小写数码字的书写

　　小写数码字，即阿拉伯数字，它的写法有印刷体和手写体两种。日常工作中普遍使用的是手写体。如图 2-1 所示。

▲ 图 2-1　阿拉伯数字手写体

阿拉伯数字的书写要求：

① 数字应当一个一个地写，不得连笔写。

② 字体要各自成形，大小均衡，排列整齐，字迹工整、清晰。

③ 有圆的数字，如 6，8，9，0 等，圆圈必须封口。

④ 同一行的相邻数字之间要空出半个阿拉伯数字的位置。

⑤ 为了清晰美观，每个数字要紧靠凭证或账表行格底线书写，字体高度占行高度的 1/2 以下，不能写满格，同时也预留改错的空间。

⑥ 与其他数字相比，6 字要向右上方延伸 1/4；7，9 字要向左下方（过底线）延伸 1/4。

⑦ 字体要自右上方向左下方倾斜书写，倾斜度约为 60°。

⑧ 整数要分节书写，特别对于数位较大的数字应利用国际通用的三位分节制，即三位数与三位数之间不打分节点，但要留出半个字节。小数点应向右下点，不能点成"•"。

例 认真临摹下列阿拉伯数字：

二、大写数码字的书写

1. 中文大写数码字的标准写法

① 汉字大写数字一般以正楷或行书字体书写，不得连笔写，见表 2-2。

表 2-2　大写数码字参考字体

零	壹	贰	叁	肆	伍	陆	柒	捌	玖	拾	佰	仟	万	元	角	分
零	壹	贰	叁	肆	伍	陆	柒	捌	玖	拾	佰	仟	万	元	角	分

例　认真临摹下列数字：

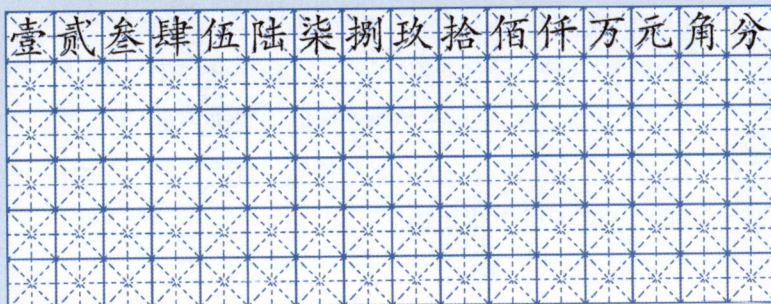

壹　贰　叁　肆　伍　陆　柒　捌　玖　拾　佰　仟　万　元　角　分

② 字体要各自成形、大小均匀、排列整齐、工整清晰。

③ 不允许使用未经国务院公布的简化字或谐音字。不能使用一、二、三、四、五、六、七、八、九、十、另（或○）等字样，不得自造简化字。

④ 不得用"块""毛"代替"元""角"，不得用"另"代替"零"。

⑤ 如果金额数字书写中使用繁体字，如贰、陆、亿、万、圆等也符合要求。

> **知识链接**
>
> **支票日期的填写方法**
>
> 　　支票一般分正联和副联，正联出票日期必须大写。在填写出票日期时，若月为壹、贰或壹拾，日为壹至玖、壹拾、贰拾或叁拾，则应在其前加"零"；若日为拾壹至拾玖，则应在其前加"壹"。例如："1 月 15 日"应写成"零壹月壹拾伍日"；"10 月 20 日"应写成"零壹拾月零贰拾日"；"11 月 30 日"应写成"壹拾壹月零叁拾日"。

2. 中文大写金额的标准写法

中文大写数字主要用于支票、传票、收据、发票等重要票据。它形象庄重、笔画繁多、可防篡改，有利于避免混淆，防止出现经济损失。而数位名称主要是突出金额的位置和重要性。

（1）中文大写金额的构成

中文大写金额由数字和数位组成，二者缺一不可。数字包括零、壹、贰、叁、肆、伍、陆、柒、捌、玖。数位包括拾、佰、仟、万、亿、兆等。在书写数字和数位时，一定要规范用字，切不可自造字，以防篡改。

（2）中文大写金额的书写要求

① 货币前必须冠货币名称。有固定格式的重要单证，大写金额栏一般都印有"人民币"字样，数字须紧贴"人民币"后面书写，在"人民币"与数字之间不得留有空位。大写金额栏没有印"人民币"字样的，应加填"人民币"三字。若为外币，须冠外币名称，如美元、欧元、日元等。

② 金额数到"元"或"角"，在"元"或"角"后写"整"字；金额数到"分"，"分"后面不写"整"字。如：

小写金额	大写金额
￥12 000.00	人民币壹万贰仟元整
￥48 651.80	人民币肆万捌仟陆佰伍拾壹元捌角整
￥486.56	人民币肆佰捌拾陆元伍角陆分

③ 分位是"0"可不写"零分"字样。在"角"后写"整"字或不写均可。如"￥4.60"应写成"人民币肆元陆角整"或"人民币肆元陆角"。

④ 阿拉伯金额数字中间有"0"时，中文大写金额要写"零"字。如"￥1 409.50"应写成"人民币壹仟肆佰零玖元伍角整"。

⑤ 阿拉伯金额数字元位是"0"，或者数字从中间至元位连续几个"0"，但角位不是"0"时，中文大写金额可以填写一个"零"字，也可以不写"零"字。如：

小写金额	大写金额
￥1 680.32	人民币壹仟陆佰捌拾元零叁角贰分 或人民币壹仟陆佰捌拾元叁角贰分
￥97 000.53	人民币玖万柒仟元零伍角叁分 或人民币玖万柒仟元伍角叁分

⑥ 阿拉伯金额数字角位是"0"，而分位不是"0"时，中文大写金额"元"后面应写"零"字。如：

小写金额	大写金额
￥6 409.02	人民币陆仟肆佰零玖元零贰分
￥325.04	人民币叁佰贰拾伍元零肆分

⑦ 阿拉伯金额数字最高位是"1"时，中文大写金额要加写"壹"字。如：

小写金额	大写金额
￥15.80	人民币壹拾伍元捌角整
￥135 800.00	人民币壹拾叁万伍仟捌佰元整

⑧ 在印有"万、仟、佰、拾、元、角、分"位置的凭证上书写大写金额时，金额前面如有空位，可画"⊗"注销。阿拉伯金额数字中间有几个"0"（含分位），汉字大写金额就要写几个"零"字。如"￥100.50"中文大写金额应写成"人民币⊗万⊗仟壹佰零拾零元伍角零分"。

3. 错误数码字的更正

如果数字书写发生了错误，就要进行订正。订正数字要求规范化，不能在错误数字上涂改、挖补、刮擦或用消字药水涂抹。

（1）中文大写数字

若中文大写数字出现错误或漏写，必须重新填写。

（2）阿拉伯数字

① 将错误数字从头加一道横线完全画掉，并加盖订正人的图章，以示负责。如图 2-2 所示。

② 将正确数字写在上方。一定是一笔完整的数字，不能只改一半，更不能在原数字上涂改其中一个数字，以免混淆不清。

正确	错误
3 1 9 0.00	3 1 9 0.00
李四	
3 9 1 0.00	3 9 1 0.00

▲ 图 2-2　阿拉伯数字的订正

只要部分数字写错，哪怕只有一个数字写错，也要把全部数字画线勾掉并订正。这种改正方法叫划线订正法。一个结果最多只能修改两次。

例　请把下列小写金额换写成中文大写金额：

序　号	小写金额	大写金额
1	￥4 703.00	
2	￥310 008.00	
3	￥5 200.00	
4	￥2 670.34	
5	￥4 500 000.68	
6	￥203 810.06	
7	￥5.70	

探导2　票币的鉴别

情景导入

出纳人员经常接触现金、票据。虽然工作时有验钞机，但是机器总有出错的时候，所以炼就一双"火眼金睛"，掌握辨识假币的方法是出纳应当具备的基本功。那么，如何炼就"火眼金睛"的技能呢？

一、人民币的防伪特征

预支款人员退回现金，或者进行现金报销的时候，出纳人员需要细致审慎地对现金和票据进行甄别。虽然国家对假币、假发票打击力度很大，但是仍有一些不法分子为了获取暴利铤而走险，知法犯法。现在，让我们来深入了解人民币，掌握人民币的防伪特征，如图2-3、图2-4所示。

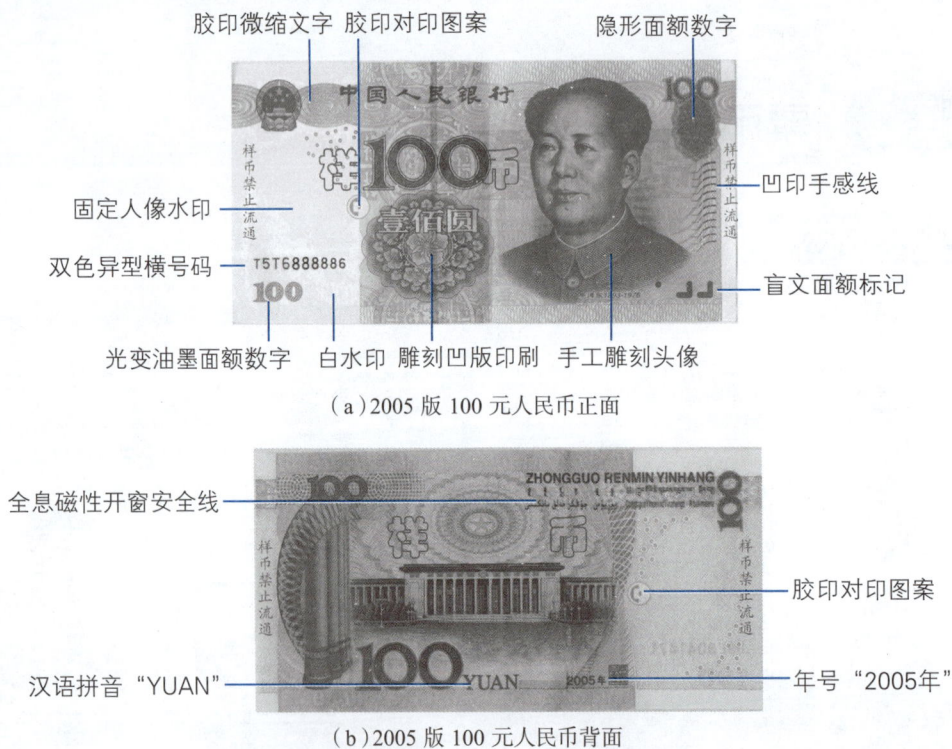

（a）2005版100元人民币正面

（b）2005版100元人民币背面

▲ 图2-3　2005版100元人民币防伪特征

（a）2015 版 100 元人民币正面

光彩光变数字
人像水印
横竖双号码
胶印对印图案
白水印

光变镂空开窗安全线
雕刻凹版印刷
盲文面额标记

（b）2015 版 100 元人民币背面

雕刻凹版印刷

年号"2015年"
胶印对印图案

▲ 图 2-4　2015 版 100 元人民币防伪特征

二、鉴别人民币的基本方法

1. 鉴别方法

"看""摸""听""测"是识破假币最有效的方法。这是四个步骤，也是从四个不同的角度对纸币进行甄别，具体见表 2-3。

表 2-3　人民币真假的鉴别方法

鉴别步骤	真　币	假　币
看	① 水印层次分明，生动传神，立体感强 ② 票面图案鲜明，线条清晰，对接线对接完好 ③ 中间安全线透光看是完整的实线 ④ 变换角度时，左下角面值数字颜色会随之变化，且旁边 100 元水印反光性强	① 水印缺乏立体感，多由线条组成，过于清晰或过于模糊 ② 票面色彩相对较白，阴阳互补对印图案错位 ③ 中间安全线透光看是虚线 ④ 冠字号码不规则、排列零乱
摸	采用特殊纸张，挺阔耐折，摸人像、盲文点、中国人民银行行名等处会有凹凸感	纸张厚度大，手感绵软，挺度、坚韧度较差，表面平滑，没有凹凸感
听	抖动或手弹时声音清脆	抖动或手弹时声音发闷、不脆
测	① 在荧光灯下无荧光反应，纸张发暗 ② 有一至两处荧光文字，呈淡黄色	① 在荧光灯下有明显荧光反应，纸张发白、发亮 ② 荧光文字色彩不正，呈惨白色

2. 鉴别技巧

从单位的现金收支来看，缴款基本以百元人民币为主，所以百元人民币是防伪的主要对象。

（1）眼看技巧

① 检查纸张水印。

② 检查安全线。

③ 检查正背对印。

（2）手摸技巧

① 摸手感线与人像衣领下方。

② 摸面额数字。

③ 摸盲文面额标记。

④ 摸纸币是否薄厚适中、挺括度好。

经验谈

鉴别人民币真伪的口诀

手摸眼看辨真伪，真假对比现原形；放大镜下解疑难，鉴别仪器作结论。

探寻3　点钞技能

情景导入

作为一名出纳，经常接触大量现金，而在出纳的基本技能中，点钞是必不可少的，它是职业技能大赛的比赛项目之一。

一、点钞的基本知识

点钞又称票币的整点，是从事财会、金融和商品经营等工作必须具备的基本技能。不断改进、提高现金整点的操作技术，对提高工作效率，加速现金周转使用，调剂货币流通，促进国民经济发展具有重大意义。

1. 点钞的基本程序（图 2-5）

①拆把　➡　②点数　➡　③扎把　➡　④盖章

▲ 图 2-5　点钞基本程序

① 把待点的钞票按照不同点钞方法的要求拿在手中，然后脱去扎钞纸条，为点数做好准备。

② 左手持钞，右手点钞，眼睛紧盯过数的钞票，同时在脑中记数。

③ 把整点准确的百张钞票码放整齐，用扎钞纸捆扎牢固；不足百张的在扎钞纸上写出实点数。

④ 在捆扎钞票的纸带上加盖点钞人员名章，以明确责任。

2. 点钞的基本要求

票币整点按照标准应做到：钞票点准、钞票蹾齐、盖章清晰、挑出残票、捆紧钞票。在票币整点过程中，一般都必须经过拆把、持票、清点、记数、蹾齐、扎把、盖章。所以，要掌握好点钞技术，应做到以下几点：

（1）坐姿端正

正确的坐姿：两脚平踏地面，直腰挺胸，全身肌肉自然放松。

（2）操作定型，用品定位

点钞时将使用的印章、海绵壶（水盒）、腰条（扎钞纸）等按使用顺序，在固定位置放好，以便点钞时使用顺手，如图 2-6 所示。

▲ 图 2-6　用品定位

（3）点数准确

点钞的关键是一个"准"字。清点和记数的准确是点钞的基本要求。要做到点数准确，需要在点数前做好思想准备、款项准备和工具准备。在点数时要做到以下三点：

①精神集中。

②坚持定型操作，坚持复核。

③双手点钞，眼睛看钞，脑子记数，手、眼、脑紧密配合。

（4）钞票蹾齐

点完一把钞票后，要把钞票蹾齐后才能扎把。钞票蹾齐的要求：四条边水平，不露头，卷角拉平。

（5）扎把牢固

钞票捆扎应松紧适度。扎小把，以提起把中一张，钞票不被抽出为准。按"井"字形捆扎的大捆，以用力推不变形、抽不出把为准。

⚠注意

100 张钞票即成一把。扎把是点钞的一道重要程序，有一定的技术要求和质量标准，既要扎得快，又要扎得紧。

（6）盖章清晰

每点完一把钞票，都应加盖经办人名章。名章盖在钞票上侧的捆线条上。盖章是点钞过程中的最后一环，是分清责任的标志。所以名章一定要盖得清晰。如图 2-7 所示。

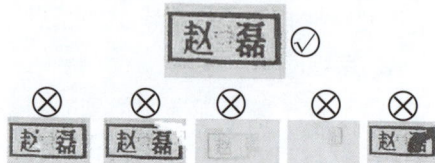

▲ 图 2-7　盖章

（7）动作连贯

动作连贯是保证点钞质量和提高效率的必要条件。

二、票币整点的常用方法

票币整点的方法主要有手工点钞和机器点钞两种。常见的手工点钞方法如图 2-8 所示。

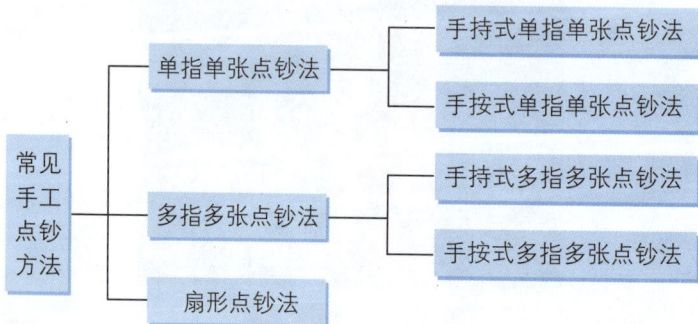

▲ 图 2-8　常见手工点钞方法

1. 手持式单指单张点钞法

手持式单指单张点钞法是用右手拇指一次捻动一张钞票，对票币进行点数的方法。这是一种最基本、最常用的点钞方法，也比较简单。

（1）特点及适用范围

① 适用范围广。可用于收、付款和整点各种新旧、大小面额的钞票。

② 持票面积小，易发现假票，便于挑出残破票。

③ 劳动强度较大。使用这种方法需要点一张记一个数，所以加大了劳动强度。

（2）操作要领

① 持钞。

a. 持钞方法。首先，两手配合将钞票横立、蹾齐。然后，右手持钞，左手中指和无名指分开，两手平行于胸前，如图 2-9 所示。接着，钞票左边 1/2 处夹在左手中指和无名指之间，无名指和小指向内屈指，夹住钞票，如图 2-10 所示。

▲ 图 2-9　持钞步骤1

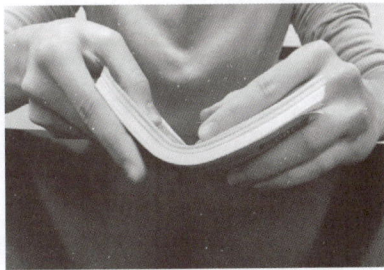

▲ 图 2-10　持钞步骤2

b. 打扇面。如图 2-11、图 2-12 所示，右手食指轻轻推压钞票，同时，左手拇指在左侧配合右手同向推压钞票，食指在后拦腰托住钞票，使钞票呈反弓形。

▲ 图 2-11　打扇面步骤1

▲ 图 2-12　打扇面步骤2

❶注意

点钞时，身体坐直，两肩保持平衡，两臂肘关节放在桌上。持钞的左手手腕贴放桌面，手心朝内。右手手腕抬起，两臂约成120°，眼离票面 20 cm 左右。

② 清点。右手拇指指尖逐张向下捻动钞票右上角，且捻动幅度要小，食指、中指在钞票背面托住以配合拇指捻动，无名指将捻起的钞票不断向怀里弹。点钞时，右手不要抬得过高，以免影响速度。如图 2-13 所示。

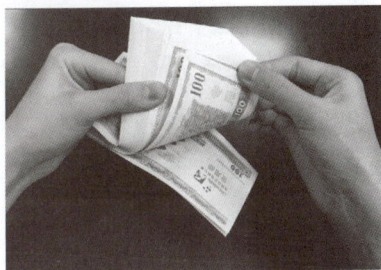

▲ 图 2-13　清点

经验谈

点钞小技巧

①右手拇指捻动每一张的位置相同。拇指接触钞票的面积越小，速度越快。

②钞票的左下角要求在一个点上。左手的中指、无名指夹紧钞票，两指的第二指关节在同一平面上，以防钞票随着捻动而散把。

③钞票上推出的小扇面要求每张的距离均等。

③记数。

a.记数方法。记数有两种基本方法。一种是习惯记数方法，即从 1 数到 100。另一种是单数分组记数法，即将一百记成十个"一、二、三、四……九、十"，也即

$$1，2，3，4，\cdots，9（一）表示 10$$
$$1，2，3，4，\cdots，9（二）表示 20$$
$$\cdots$$
$$1，2，3，4，\cdots，9（十）表示 100$$

采用这种记数法的优点是将十位数变成一位数字，不仅准确，而且省力好记，可以提高工作效率。

b.记数要求。点钞时注意力要集中。记数时嘴不能出声，不能有读数的口型。

④ 挑残破票。点钞过程中发现残破票，随手向外一扭，掖在外边。点完后抽出残破票，补上完整钞票。

2. 手按式单指单张点钞法

手按式单指单张点钞法是将钞票放置在桌案上，通过双手一次捻点一张钞票，对钞票进行点数的方法。

（1）特点及适用范围

①简单易学。

②所见票面面积大，便于挑残和发现假票。

③适用新旧、大小面额钞票的初、复点，特别适用整点辅币及残破票。

④速度比手持式稍慢。

（2）操作要领

① 按钞。钞票平放桌面，两肘自然放在桌面。左手拇指斜压住钞票左端 1/3 处，其他四指并拢弯曲，侧压钞票。右手拇指托起钞票右下角，食指轻放在钞票背面。如图 2-14 所示。

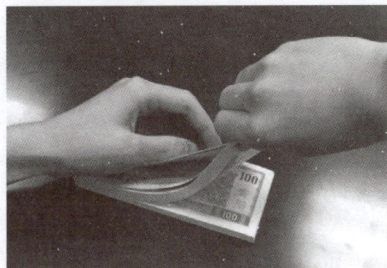

▲ 图 2-14　按钞

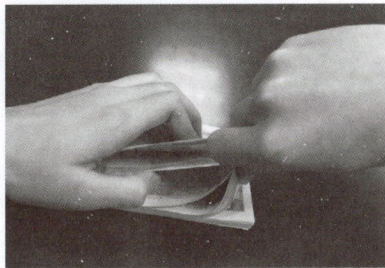

▲ 图 2-15　清点

②清点。如图 2-15 所示，右手掌心向下，腕抬起，中指伸直，拇指从钞票右端侧托起部分钞票，食指指尖在钞票右侧内角摩擦后将钞票上提。提起后，左手拇指迅速接过。已点钞票置于右手中指与食指之间，同时左手拇指托住，与未点钞票分开。

③记数。点一张，默记一张，采用单数分组记数法记数。

> ·⊘知识链接·
>
> 　　除上述方法以外，手按式单指单张点钞法还有下列操作方法：
>
> 　　（1）按钞
>
> 　　钞票平放桌面。左手小指、无名指、中指按住钞票，便于点钞时固定钞票。右手拇指把钞票向上推，使钞票呈微扇形。如图 2-16 所示，左手拇指和食指自然弯曲，做好点钞准备。
>
>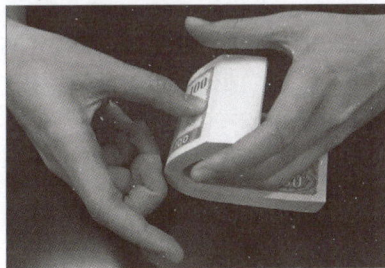
>
> ▲ 图 2-16　按钞
>
>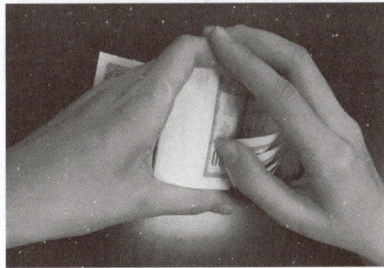
>
> ▲ 图 2-17　清点
>
> 　　（2）清点
>
> 　　如图 2-17 所示，左手拇指压住钞票下端，右手拇指摩擦钞票右下角，一张一张拨动钞票，其余四指自然弯曲，轻搭钞票上端。

3. 手持式多指多张点钞法

　　手持式多指多张点钞法是指同时翻点，一次可以清点四张或四张以上钞票的方法。它是当前较快的一种手工点钞方法。

　　（1）特点

　　①点钞动作幅度小。在点钞过程中，手指到位、归位所使用的时间短，所以加快了点钞速度。

② 记数少、易计算。每把钞票只需记 25 个数，便于清点后计算。

③ 因为每个周期所清点的钞票数较多，所以减少了手指运动的周期数。

（2）适用范围

① 适用于整点五角以上的票币，特别适用于清点整把钞票、复点和竞赛。

② 由于看到票币的面积小，不利于在点数的同时进行挑残，因此不适合整点残破票。

（3）操作要领

① 持钞。

a. 右手握住钞票右端，手心面向自己。左手中指在前，食指、无名指、小指在后卡住钞票左端，如图 2-18 所示。

▲ 图 2-18　持钞步骤 1

b. 如图 2-19、图 2-20 所示，左手食指伸直，中指、无名指、小指弯曲。右手推压钞票右端，将钞票卡成一个瓦形。左手拇指再将钞票边缘推出一个扇面，同时将钞票右端竖起。

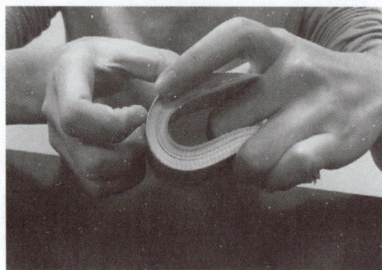

▲ 图 2-19　持钞步骤 2

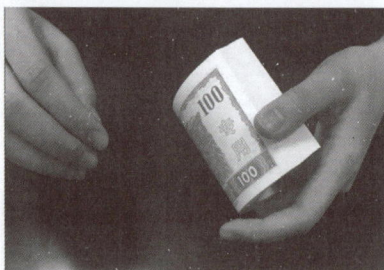

▲ 图 2-20　持钞步骤 3

② 清点。如图 2-21 所示，右手腕抬起，拇指贴在钞票的内侧，其余四指同时弯曲并拢。从小指开始每指捻动一张钞票，当第四张钞票被捻出两指宽时轻抬手腕，使四张钞票自然下落，与未点钞票明显分开，循环操作。

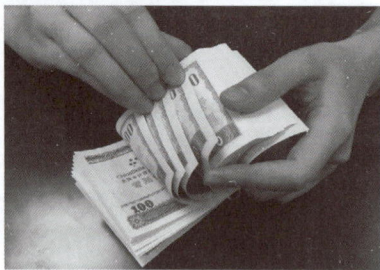

▲ 图 2-21　清点

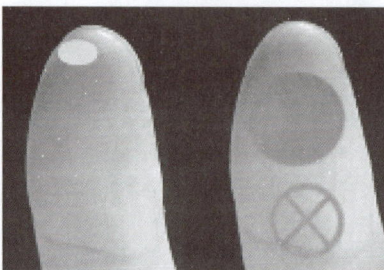

▲ 图 2-22　手指摩擦位置

❗注意

点钞时要减少手腕动作，右手要用指尖部位，而不能用中间部位，如图 2-22 所示。拨票时目光应集中在钞票右上角，以便发现残破票、拨空等。

③ 记数。

a. 记数方法。每捻 4 张为一个周期，心中默记一个数。点完 x 个数时，钞票的总张数为 $4x$。如果点过 x 个数后，还剩 a 张（$0 < a < 4$），那么此时的钞票总张数应为 $4x+a$。一般情况下，100 张为一把，一把共有 25 个周期，需记 25 个数。

b. 记数要求。心中默默记数，不能出声，也不应有相应的口型动作。

④ 挑残破票。点数时发现残破票，用两个手指捏住向外折叠，待一把票币点完后再抽出残破票，补上完整票币。

4. 手按式多指多张点钞法

手按式多指多张点钞法是将钞票放置在桌案上，通过双手一次捻点三张或四张钞票，对票币进行点数的方法。这种方法操作简单，应用广泛。

（1）特点

① 清点速度比单指单张点钞法快。

② 所见票面面积小，不易发现假票，劳动强度大，但准确性高。

（2）操作要领

① 按钞。将钞票平放桌面，左手按住钞票的左上端。如图 2-23 所示。

② 清点。右手拇指托起右下角部分钞票，小指卷曲。三指点钞是以无名指先捻起第一张，随即以中指、食指顺序各捻起一张。四指点钞是先用小指捻起第一张。捻起的三张或四张钞票用左手拇指推送到食指、中指间夹住，如图 2-24 所示。点数时手不要抬太高，以免影响速度。

▲ 图 2-23 按钞   ▲ 图 2-24 清点

③ 记数。采用分组记数法。三张点钞是每三张为一组，记一个数，数到 33 组后加 1 张，即为 100 张。四张点钞是每四张为一组，记一个数，数到 25 组正好 100 张。

④ 挑残破票。点数过程中发现残破票，即用两个手指夹住（其他手指松开），抽出来，点完后补进完整钞票。

🔗 **知识链接**

破损、残缺人民币的兑换

（1）全额兑换

凡残缺人民币属于下列情况之一者，出纳人员可向中国人民银行全额兑换：

① 票面残缺不超过 1/5，剩余部分的图案、文字完好者。

② 票面污损、熏焦、水浸、变色，但能识别真假，票面完整或残缺不超过 1/5 ，票面其余部分的图案、文字能照原样连接者。

（2）半数兑换

票面残缺 1/5～1/2 ，其余部分的图案文字能照原样连接的，可向中国人民银行按原面额半额兑换，但不得流通使用。

（3）不予兑换

凡残缺人民币属于下列情况之一者，银行不予兑换。因此，出纳人员在工作中应重点注意以下情况：

① 票面残缺 1/2 以上的。

② 票面污损、熏焦、水浸、油浸、变色，不能辨别真假的。

③ 故意挖补、涂改、剪贴、拼凑，揭去一面的。

不予兑换的残损人民币由中国人民银行收回销毁，不得流通使用。

三、扎把技巧和要求

不管是采用单指单张点钞法还是采用多指多张点钞法，清点完成后都要进行扎把。在捆扎钞票时，钞票不论票面金额的大小，都以 100 张为一把，按券别用宽 2 cm、长 50～60 cm 的纸条进行扎把。完成扎把后，每把须盖带行号的经手人名章。扎把过程如下：

1. 蹾齐

点完 100 张钞票后，左右手松拢，将钞票竖起蹾齐，使钞票四端蹾齐。然后左手持钞做扎把准备。

2. 持钞

将清点好蹾齐的钞票横立，正面向内。左手拇指捏在钞票的正面，其余四指捏在背面。拇指向后、四指向前用力，将票面压出向内的一个弧度，如同瓦形，如图 2-25 所示。

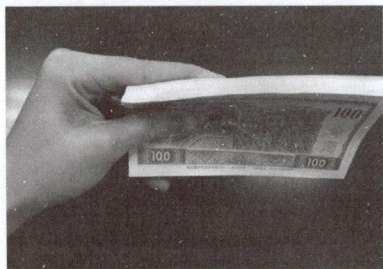

▲ 图 2-25　持钞

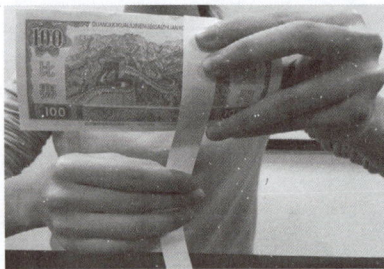

▲ 图 2-26　钞后直接压条法

3. 压条

常用的压条指法有三种。

（1）钞后直接压条法

左手的食指、中指将腰条一端从上向下压在钞票的背面。右手拉着腰条下端向内缠绕，进行扎把。如图 2-26 所示。

（2）钞后折叠压条法

左手食指将腰条一端横着压在钞票背面 1/2 处，使腰条与钞票的边缘平齐。接着右手将腰条向左折 90°，左手食指、中指压在折角处，如图 2-27 所示。

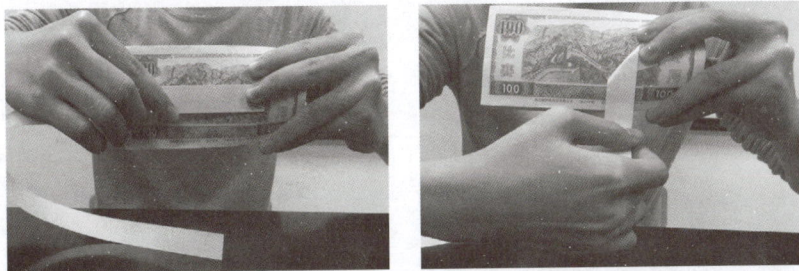

▲ 图 2-27   钞后折叠压条法

（3）中间夹条法

左手持钞，且食指放在钞票的上边缘，从中间将钞票拨开一条缝，右手将腰条的一端夹进去，如图 2-28 所示。

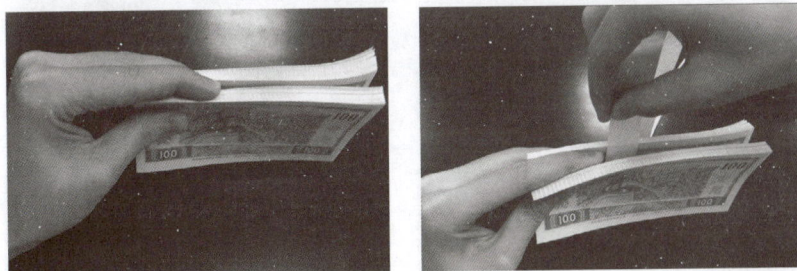

▲ 图 2-28   中间压条法

4. 扎把

① 左手持钞，用上述任一方法压住腰条。右手捏住腰条一端按顺时针方向缠绕，如图 2-29 所示。

▲ 图 2-29   扎把步骤1   ▲ 图 2-30   扎把步骤2

② 腰条缠绕两圈后，右手稍用力，使腰条缠紧后将腰条一端沿钞票边缘右折 90°，

食指、中指将腰条头掖入钞票与腰条之间的空隙中，并将折角压平，以防松脱。如图 2-30 所示。

知识链接

拧结式扎把

除了上述的缠绕式扎把，还有一种拧结式扎把。使用这种扎把方式，需要用到绵纸腰条。具体操作方法如下：

①左手持钞，使之成为瓦状。右手将腰条放置在钞票凹面，将两腰条头绕到凸面。左手食指、拇指分别按住腰条与钞票的重叠处。

②右手拇指、食指捏住其中一端腰条头，中指、无名指捏住另一端，使两端合在一起，顺时针旋转后，将拇指与食指捏住的一端从腰条与钞票之间绕过、打结。如图 2-31 所示。

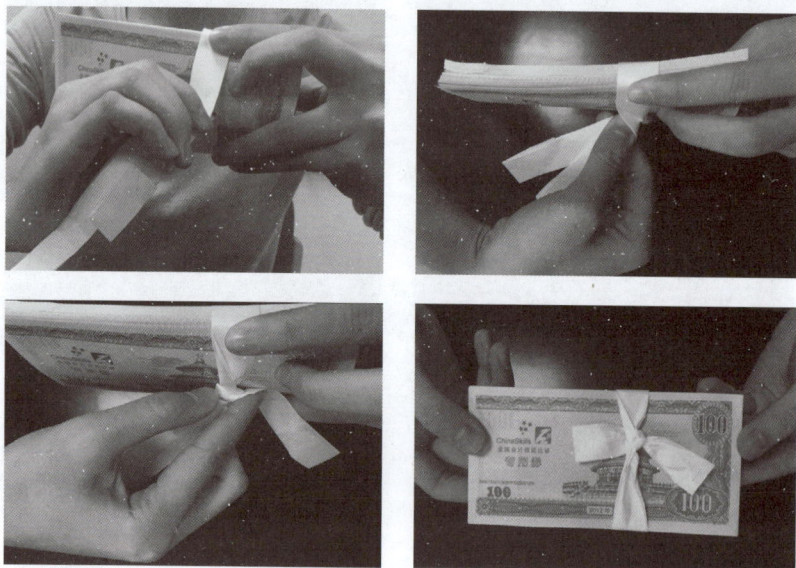

▲ 图 2-31　拧结式扎把

5. 盖章

用双手将瓦形钞票反向压平，最后在钞票的侧面腰条处加盖名章。

知识链接

中职学校省赛、国赛点钞技能竞赛比赛规则和评分标准

1. 比赛规则

①比赛设现场裁判若干名，计时员 1 名。比赛时间为 5 min。

②比赛使用组委会统一提供的比赛专用百元面额练功券、海绵壶（配甘油）、扎条、笔、印章、记录表等。

③一律采用坐姿形式进行点钞。

④ 单指单张以整把形式进行，按不少于 50% 的比例设置差错，每把错张范围为 ±4 张。

⑤ 单指单张比赛必须经过起把、拆把、点数、扎把、记数等动作。

⑥ 单指单张比赛时，选手应按备用练功券序号顺序点钞，不得跳把。未经清点的把次不得作为已点把数（即不得甩把）。点钞要求一张一张点，不得一指多张。每一把必须点完最后一张，否则不计该把成绩。

⑦ 多指多张比赛必须经过抓把、点数、扎把、盖章等操作过程。清点的每把正确数为 100 张。

⑧ 扎把以提起任意一张不被抽出或散开为准。盖章既可点一把盖一章，也可以全部点完后一次性盖章。盖章以清晰可见为准。

⑨ 选手入赛场后，不得移动备点练功券和其他用具，不得试点。主裁判发出"预备"口令时，选手可按个人习惯将备点练功券移动到合适位置，并起第一把在手。主裁判发令"开始"后选手才可点钞。最后 30 s 时，由主裁判预告时间，以便选手准备结束。

⑩ 比赛结束前，主裁判进行 5 s 倒计时。主裁判发出"时间到"口令时，选手应立即停止点钞、扎把和盖章等动作，按要求填写成绩记录单，将已点完的钞把按顺序整理，放入筐内交工作人员点验。

2. 评分标准

① 正确一把计 10 分，错误一把扣 10 分。单指单张最后一把未完成的不计分，多指多张最后一把已点张数按比例计分（若错误，则按比例扣分），最后一把得（扣）分 = 已点张数 ×0.07。

② 没有扎把或扎把不符合要求的每把扣 2 分。

③ 没有盖章或盖章不清楚的每把扣 1 分。

④ 主裁判发出"开始"口令前点钞（抢点），或者发出"时间到"口令后仍继续点钞（超时点）的，各扣 10 分。未经点数扎成一把（甩把）的扣 10 分。

⑤ 单指单张得分 =（正确把数 − 错误把数）×10 − 扣分合计。

多指多张得分 =（正确把数 − 错误把数）×10+（最后一把点数 ×0.07）− 扣分合计。

⑥ 单指单张、多指多张最低分为 0 分。对已扣满 10 分的错误把次不再进行拆把、扎把、盖章等扣分。

四、硬币整点

出纳人员在平时的工作过程中都会接触到硬币。硬币的清点方法有手工清点硬币法和工具清点硬币法。

手工清点硬币法就是用手工整点硬币的方法。一般常在收款、收点硬币尾零款时使用。工具清点硬币法就是用器具清点硬币的方法。大量的硬币清点需要使用工具。实际工作中对于硬币的整点也多借助于硬币整点机。硬币整点机的特点是 50 枚为一卷，包封结实，币端两面包封纸，但露出一部分币面，从而可以清楚地看出币卷的面值。如图 2-32 所示。

▲ 图 2-32   硬币卷

探寻 4   计算器（或数字键盘）的操作

情景导入

安妮，趁着休息我们来玩个游戏吧。

什么游戏啊？

你从 1～9 中选一个数字在计算器上按 9 次，然后除以 123 456 789。只要告诉我结果，我就可以猜出你选的数字是几。

噢？真的吗？

不信试试吧！

算筹是我国古代劳动人民发明的一种记数和计算的工具。用算筹进行计算，简称"筹算"。如图 2-33 所示。

几百年前，我国劳动人民根据古代的"筹算"又发明了一种更加简便的计算工具——算盘。如图 2-34 所示。用算盘进行计算，简称"珠算"。

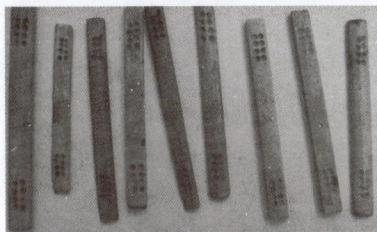
▲ 图 2-33　古代算筹

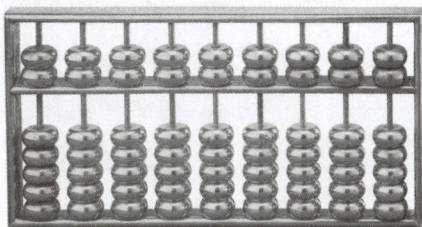
▲ 图 2-34　算盘

现在人们在进行一般计算时普遍使用计算器。计算器体积小，运算快，操作简便。

计算机能进行计算器无法完成的复杂计算，而且算得更加快速。如图 2-35 所示。

一、计算器的操作

计算器的面板由键盘和显示屏组成，按功能可分为简单计算器（加、减、乘、除）、科学计算器（统计、概率、函数等功能）、图形计算器。

▲ 图 2-35　计算机

1. 计算器的功能键

财务人员一般使用简单计算器进行日常工作。简单计算器的使用功能如图 2-36 所示。

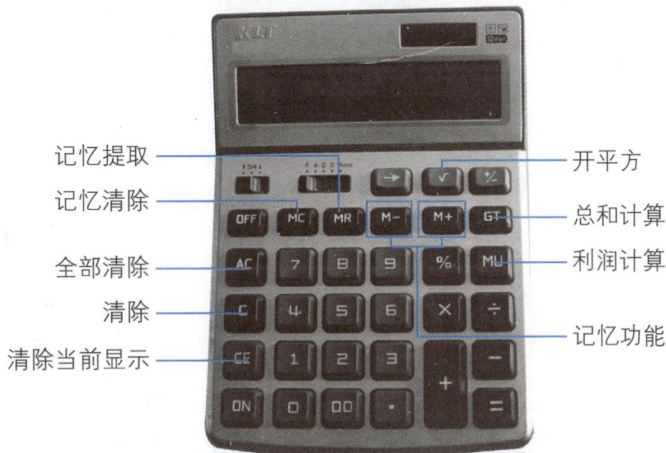

记忆提取　记忆清除　开平方　总和计算　全部清除　利润计算　清除　记忆功能　清除当前显示

▲ 图 2-36　简单计算器的使用功能

例 请使用 M+ 或 MR 键计算下列算式：

（1）300×3+400×2=?　　　　　　（2）8 765-32×21=?

提示 考查 M+、MR 键的使用和功能。

知识链接

MU 键的使用情况

（1）乘法 A×B MU 相当于 A+（A×B%）

用途1：知道本年数额与增长率，预计明年数额。例如，今年销售收入 100 万，预计增长率为 2.5%，求明年数额。按"100×2.5 MU"，即得出结果 102.5 万。

用途2：计算增值税，由不含税价计算含税价。例如，不含税销售收入 3 500 元，假定税率为 17%，计算含税销售收入。按"3 500×17 MU"，即得出结果 4 095 元。

（2）除法 A/B MU 相当于 A/（1−B%）

用途1：知道成本价和销售利润率，预计销售收入。例如，成本为 120 元，销售利润率为 25%，求销售收入。按"120/25 MU"，即得出结果 160 元。这不是成本利润率，成本利润率公式为 A×（1+B%）。

用途2：计算消费税组成计税价格，由不含税价计算含税价，例如，不含税价 1 200 元，适用税率 30%，计算含税价。按"1 200/30 MU"，即得出结果 1 714.285 714 28 元。

2. 计算器的基本指法（图 2-37）

▲ 图 2-37 计算器的基本指法

3. 常用的练习方法

① 打百子。从 0 开始，依次 +1，+2，+3，…，+100，最后得 5 050。

② 减百子。先输入 5 050，然后依次 −1，−2，−3，…，−100，最后得 0。

③ 将 123 456 789 连加 9 次，和为 1 111 111 101，再逐笔减 123 456 789，直至为 0。

例 使用计算器汇总人民币票币的总币值，具体数值见表2-4。

表2-4 人民币票币数值

面值（元）	100	50	20	10	5	2
数量（张）	12	5	56	20	86	25

提示 考查计算器按键的熟练使用。使用正确的指法，比比谁最快最准。

例 用计算器计算并填空：

（1）$9 \times 9 + 7 = 88$；（2）$98 \times 9 + 6 = 888$；（3）$987 \times 9 + 5 = 8\,888$；

（4）$9\,876 \times 9 + 4 = 88\,888$；…

（5）观察计算结果，用你发现的规律填空：$98\,765\,432 \times 9 + 0 = $_____。

分析　考查计算器的基础知识，观察数字的变化规律。发现在上述等式里，等号左端 1 个乘数的数字依次加 1 位，加数从 7 依次减 1。等号右端的数字依次多一位数 8。

二、传票翻打

传票翻打又称传票运算，是指在经济核算过程中，对各种单据、发票或凭证进行汇总计算的一种方法，一般采用加减运算。

传票翻打是加减运算在实际工作中的具体应用。它可以为会计核算、财务分析和统计报表提供及时、准确、可靠的基础数字，是财经工作者必备的一项基本功，也是全国会计技能大赛的正式项目。

1. 传票的种类

传票主要指传票本，而传票本按是否装订分为两种。一种是订本式传票，是将传票装订成册，一般在比赛中使用，如图 2-38 所示；另一种是活页式传票，全国会计技能大赛使用，如图 2-39 所示。

▲ 图 2-38　订本式传票

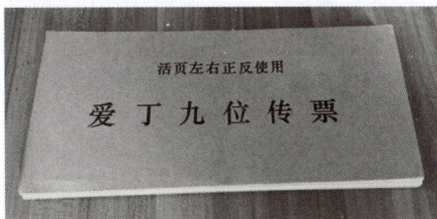

▲ 图 2-39　活页式传票

传票采用规格长约 19 cm，宽约 8 cm 的 70 g 规格书写纸，用四号手写体铅字印刷。每本传票共 100 页，每页 5 行数，由四至九位数组成。其中四、九位数各占 10%，五、六、七、八位数各占 20%，都有两位小数。如图 2-40 所示，传票每页左右正反使用，页内依次印有（一）至（五）的行次标记。设任意 20 页的 20 个数据（一组）累加为一题，0～9 十个数字均衡出现。

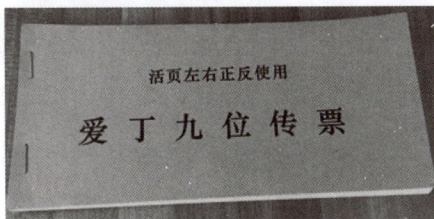

▲ 图 2-40　传票内页

2.传票翻打的常规训练

传票翻打的常规训练一般分三个阶段进行，如图 2-41 所示。

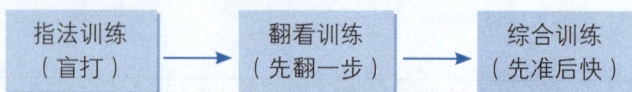

指法训练（盲打）　→　翻看训练（先翻一步）　→　综合训练（先准后快）

▲ 图 2-41　传票翻打训练

（1）盲翻训练

在规定时间内，整理好扇面后，左手压住传票，不看票面，从第 1 页开始连续向后翻动传票，直到最后一页为止。

（2）找页训练

从第 1 页开始，每 5 页一翻，要求一次性翻到。找页的目的是训练手感，准确把握纸张的厚度。

（3）看数训练

用百张传票做翻读练习时，先翻一页看一行数字，再翻到下一页看同一行数字。在规定时间内看谁翻得更快。

（4）综合训练

① 进入传票算练习进行传票翻打。

② 进入传票算测试进行传票翻打。

（5）训练成果

在保证每天 1 小时的训练量，勤学苦练，持之以恒之后，一学期可达到的分数（以一个班 50 人为例）如图 2-42 所示。

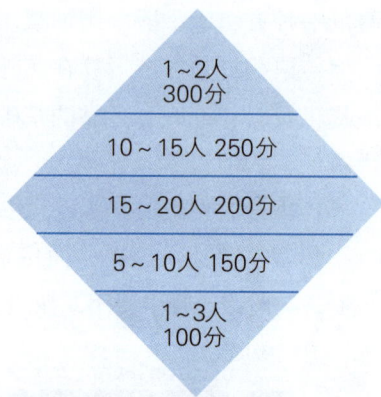

1~2人 300分

10~15人 250分

15~20人 200分

5~10人 150分

1~3人 100分

▲ 图 2-42　翻打训练预期成果

经验谈

"盲打"是指法训练的最高境界，"先准后快"是日常训练的基本宗旨，"先翻一步，眼比手快，手脑并用，看比按快"是传票翻看的基本要求。

指法训练：①先练"4，5，6"基准键位，再分指练习食指、中指、无名指、小指。②打百子：借助翰林提机器里的计算器功能进行打百子训练。

3.翻打传票的具体要求

（1）坐姿端正

腰部挺直略向前倾，做到头正、颈直，两膝平放，双脚着地，眼睛直视屏幕。

（2）正确指法

① 各手指放在基本键上。输入数字时，每个手指只负责相应的键位，不能混淆。

② 手腕平直，手指自然弯曲，击键只限于手指指尖，身体其他部位不要接触工作台或键盘。

③ 输入时，手稍微抬起，需要击键的手指伸出击键，击完后立即收回，依然放在基本

键上。

④ 击键时，速度均匀，用力要轻，富有节奏感。击键依靠手指和手腕的灵活运动，不能用整个手臂的力量。

（3）翻页速度快速准确

① 传票整理。

a. 蹾齐。双手拿起传票侧立于桌面蹾齐。同时检查有无缺页、重页、数码不清、错行、装订方向错误等，一经发现应及时更换传票。

b. 开扇。左手固定传票左上角，右手沿传票边沿轻折，打开成扇形，扇形角度约20°～25°，使每张传票自然松开，不出现粘连的情况。

c. 固定。右手用夹子固定左上角，防止翻打时传票散乱，如图 2-43 所示。

▲ 图 2-43　捻成扇形的传票　　　▲ 图 2-44　传票翻打

② 传票翻页。

a. "按"：左手小指、无名指和中指按住传票的左上端。

b. "翻"：如图 2-44 所示，左手大拇指逐页翻起传票，并交给食指夹住。

（4）眼、手、脑协调一致

① 左右手协调。左手翻传票时，右手直接将传票上的数字敲入计算器。如图 2-44 所示。

② 眼、脑、手协调。左手翻传票时，眼睛应迅速看完上面的数字，大脑同步记住数字，右手连续不断地将此行数字敲入计算器。确保右手未打完当前页的数字时，左手已经翻到下一页，保持动作流畅。

📎 知识链接

中职学校省赛、国赛传票翻打的比赛规则和评分标准

1. 比赛规则

① 比赛设现场裁判若干名，计时员1名。比赛时间为10 min。

② 使用组委会统一提供的传票、铁制文件夹子及爱丁数码翰林提输入设备。

③ 比赛前选手按主裁判的提示要求检查、整理传票，在翰林提系统中选择比赛题库。

④ 按主裁判的"准备"提示进入翰林提系统的传票算界面，并进行相关设置。

⑤ 按主裁判的"选题打本"和"页码"提示进行传票整理。

⑥ 按主裁判的"选题题号"提示做好准备。

⑦ 按主裁判的"开始"口令开始比赛。

⑧ 完成一题20笔数据的计算后，选手根据系统提示的起始页号和行（题）号，进行下一题计算。

⑨ 按系统随机提示的页号、题号和数字，逐步进行录入计算，不得漏题、跳页，不得结合运用心算。

⑩ 比赛结束前10 s，主裁判提示"最后10 s"。比赛时间到，选手停止操作，并在裁判指导下按秩序退场。

2. 评分标准

① 每题连续20页同一行的20个数字累加计算，未按数据顺序录入或录错任何一位数字的，该题不得分。

② 正确一题得20分。

③ 对于比赛时间到但没能完成一题全部20个数据的，由系统根据选手实际完成的正确录入数据自动计算小分。

④ 总分=20×正确的题数+最后一题小分。

⑤ 由评分系统自动评分。

3. 传票翻打比赛国赛成绩参考分数（表2-5）

表2-5　传票翻打比赛国赛成绩参考分数

国赛成绩	优秀（难）	良好（中）	合格（易）
20页/题（10 min）			
分值	300分以上	200～300分	100～200分
占比	10%	50%	40%

探寻5　保险柜的使用和管理

情景导入

现在，很多单位为了保证财物的安全，一般会在财务室配备保险柜，便于存放现金、银行票据、印章等重要的物品。保险柜的使用和管理有着严格的规定和要求。

一、保险柜的使用

保险柜在日常使用过程中应注意将其放置在隐蔽、干燥的地方，注意通风、防水、防潮、防虫和防鼠。保险柜外要经常擦抹干净，保险柜内财物应保持整洁、卫生。常见的保险柜样式如图 2-45 所示。一旦保险柜发生故障，应到公安机关指定的维修点进行修理，以防泄密或失盗。

▲ 图 2-45　常见保险柜

二、保险柜的日常管理

保险柜通常由总会计师或财务处长授权，由出纳员负责管理使用。

1. 保险柜钥匙的配备

保险柜必须配备两把钥匙，一把由出纳员保管，供出纳员日常工作使用；另一把交由保卫部门封存，或由单位总会计师或财务处处长负责保管，以备紧急情况下经有关领导批准后使用。出纳员不能将保险柜钥匙交由他人代为保管。

2. 保险柜的开启

保险柜必须由出纳员开启使用，非出纳员不得开启保险柜。若单位总会计或财务处处长需要对出纳工作进行检查，例如检查库存现金限额，或出现其他特殊情况需要开启保险柜，则应根据规定的程序由总会计或财务处处长开启。通常情况下，不得任意开启由出纳员掌管使用的保险柜。

3. 财物的保管

每日下班前，出纳员应将使用的空白支票、银钱收据、印章等放入保险柜内。保险柜内存放的现金应设置和登记现金日记账。其他有价证券、存折、票据等应根据种类造册登记。贵重物品应按种类设置备查簿，登记其质量、重量、金额等。所有财物应与账簿记录核对一致。按规定，单位保险柜内不得存放私人财物。

4. 保险柜密码

出纳员应对保险柜密码严格保密，不得向他人泄露，以免被他人利用。在原出纳员调动岗位后，新出纳员应使用新的密码。

5. 保险柜被盗处理

出纳员发现保险柜被盗后，应保护好现场并及时报告公安机关，等公安机关勘查主现场时才能清查财物被盗情况。节假日两天以上或出纳员离开两天以上且没有派人代理其工作的，应将保险柜锁孔贴上封条，在出纳员重返工作时再揭封。若发现封条被撕掉或锁孔被弄坏，应迅速向公安机关或保卫部门报告，以便公安机关或保卫部门及时查清情况与备案。

探寻 6　印章的使用和管理

情景导入

张姐，要管理公司的那么多印章，有什么技巧吗？

需要用印章时，必须向负责人请示，经同意办理审批及登记手续后才可使用，并且要印章管理人员亲自盖章。

一般到税务局或社保中心办理业务都需要带上公章，到银行则需要带上财务章、法人章和公章等。

　　除财务章外，出纳有时可能还保管着其他印章。在平时的印章使用和管理过程中，有些出纳员把所有印章放在一个盒子里，谁需要就拿出来盖。其实，这种行为十分不严谨。保管印章也是保管着一份责任。虽然其他印章不像财务章一样直接和资金相关，但它们却代表着这个单位。例如，一份合同盖章了，就是单位对外的承诺，就应当遵守。所以出纳应对印章的使用和保管加强管理。

一、印章的使用

　　印章向下代表着一种权力，是行使职能的合法代表，向上则代表着责任。在单位，凡是有公章或签章的文件，领导对此都要负一定的责任。公司发文、发函、签署合同、订立协议或出具证明等，均要用印章才合法有效。因此，印章是单位组织权力的象征和职责的标志。

1.印章的分类

　　印章按其性质和作用可划分为七类，具体见表 2-6。

表 2-6　印章的分类

名称	性质	适用范围
公章	一个单位的正式印章，标明单位的法定名称，是单位的标志和象征，具有法定的权威和效力	多用于正式文件和介绍信、证明信等
专用章	指单位为开展某一类专门性业务而使用的印章。这类印章在印文中刊有专门的用途，如"财务专用章""合同专用章"等	不代表整个单位，只代表单位下属某一专门部门的职权

续表

名称	性质	适用范围
法定代表人私章	又称"手章"或"领导人签名章"。它是根据单位主要负责人用钢笔或毛笔亲自签名制成的印章。其基本作用是以盖章代替手写签名。它代表法人，象征职权，因此具有权威性	银行支票、财务预算或决算、签订合同或协议等，除盖公章和财务专用章外，还要盖法定代表人私章才能生效
套印章	指按照正式印章的原样制版而成的印章	专门用于印制大批量文件，它与正式印章具有同等的法定效力
钢印	不用印色，利用压力凹凸成形	一般用于证明性公文或证件
戳记	标志特定信息而使用的印章	如保密章、急件章、注销章等
缩印	按照正常比例缩小后再用于印刷的专用公章	只能用在小型票证上，如税务发票及其他专用票等。不能作为正式印章用于介绍信或出具证明等

2. 印章的刻制

单位刻制印章的具体流程如图 2-46 所示。

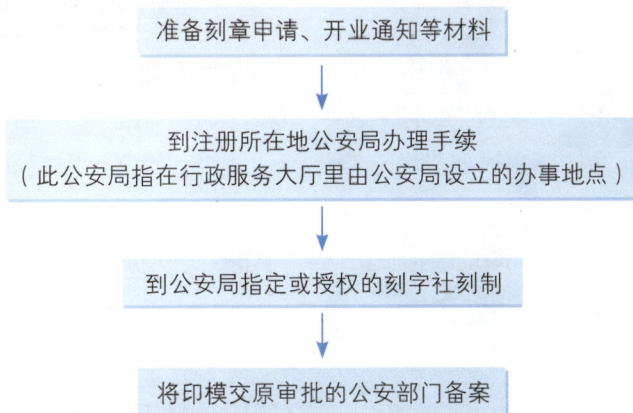

准备刻章申请、开业通知等材料

↓

到注册所在地公安局办理手续
（此公安局指在行政服务大厅里由公安局设立的办事地点）

↓

到公安局指定或授权的刻字社刻制

↓

将印模交原审批的公安部门备案

图 2-46　办印流程

经验谈

如何鉴别虚假用印（图 2-47）

检查印模内容 → 检查防伪标识 → 检查盖印方式 → 检查用纸规格

图 2-47　鉴别虚假用印流程

3. 印章的使用

印章的最大价值是使用价值。单位的印章既不是用来收藏的，也不是用来显示权力的，而是要在受控的情况下使用。应当盖章的材料，必须盖章；反之，坚决不盖。同时要避免紧急情况下找不到印章的情况。印章的使用流程如图 2-48 所示。

用印申请 → 领导签批 → 用印登记 → 柜中取印

妥善管理 ← 印章放回 ← 正确用印 ← 柜中取印

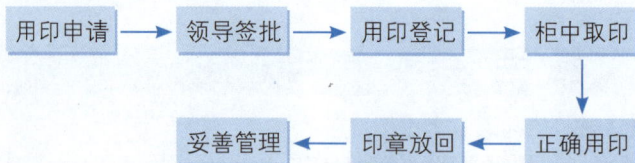

▲ 图 2-48　用印流程

❓想一想

在实际工作中，应该怎样规范使用印章呢？

一般单位制定的用印规定如下：

① 加盖单位印章，重要材料必须由单位主要负责人审核签名批准。但为了方便工作，对于一些一般性事务的用印，单位领导也可授权部门负责人或印章管理人员审签。

② 用印前，出纳必须认真审核，明确了解用印的内容和目的，确认符合用印的手续后，在用印登记簿上逐项登记，方可用印。用印登记表如图 2-49 所示。

编号	用印时间	用印部门	用印内容	份数	批准人	经办人签名	备注

▲ 图 2-49　用印登记表

③ 对需留存的材料应在加盖印章前，留存一份，立卷归档。

④ 用印时，应严格按照领导要求，亲自把握和使用，绝不能委托他人代为用印，更不能以印谋私，损害单位利益。

⑤ 应注意盖印位置正确，印章端正、清晰，用印一次成功。

经验谈

印章盖在文末落款处，应上不压正文，下要"骑年盖月"。带有存根的公函、介绍信等用印时，除在规定处用印外，还应加盖"骑缝章"，即印章盖在正本和存根连接处的骑缝线上，以备查考。

二、印章的管理

1. 印章保管

印章的管理工作一般由出纳兼任。按照保密要求，管印者不得委托他人代取代用印章。印章应放在专门的保险柜内，随用、随取、随锁。

2. 印章保养

印章在日常使用过程中应注意：

① 盖印时下面要衬垫一定弹性的硬橡胶或厚纸等，防止印章在坚硬的物体上使用造成

碰损。

②印章使用后应及时清洁，确保印迹清晰。

3.印章出借

如果因工作需要，别的部门需借用单位公章，须严格履行相关手续，填写用印申请单。用印申请单如图 2-50 所示。

文件标题			
发往机关		份数	
用印日期		用印申请人（签字）	
批准人（签字）		备注	

▲ 图 2-50　用印申请单

经验谈

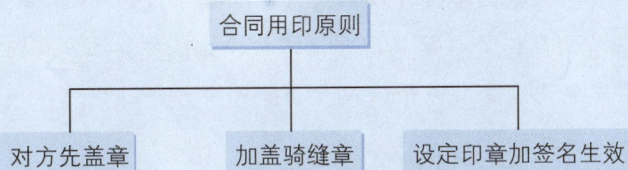

合同用印原则（图2-51）

合同用印原则

对方先盖章　　加盖骑缝章　　设定印章加签名生效

▲ 图 2-51　合同用印原则

探寻 7　有价证券和空白票据的管理

情景导入

咦？这是一张空白的支票，除了加盖单位的印鉴，其他什么都没写啊。

苏珊，你太粗心大意了。你有保管好有价证券和空白票据的职责。这种支票一旦被不法分子拿到，就会给单位造成无法弥补的损失。

一、有价证券的管理

有价证券一般指股票、国债、企业债券以及其他应列入有价证券的有价单证。对有价证券的管理一般遵循账证分管原则，做到相互制约、相互核对。一般按种类、票面金额、年限等分户记账。每月核对一次库存，做到账实相符。作废的有价证券必须剪角，专库保管。保存到一定期限后，按规定移交或销毁。

二、空白票据的管理

空白票据凭证一般有现金支票、转账支票、电汇凭证、收据、发票、理财卡、合同、确认书、证明函等。

空白票据凭证的管理一般也遵循账证分管原则，单独登记账簿或纳入表外科目核算。调运、收取、领用空白票据要按照相关手续办理，定期或不定期进行盘点，核对账实是否相符。

经验谈

空白票据在现实管理中的操作方式

① 建立重要票据空白凭证库存及领用登记簿。按凭证种类立户登记，并指定专人负责记账、管理。每日清点登记发生及结余情况，与账面余额进行核对，确保账实相符。离岗时必须入库保管，不得随意放置。

② 作废的票据凭证，不得随意撕毁，必须打孔、加盖"作废"戳记，按空白票据凭证种类分别妥善保存。

③ 空白票据凭证必须按其用途严格区分使用，不得串用或随意挪作他用。

岗位训练

一、单选题

1. 用大写金额表示￥30 010.56 的正确写法是（　　　）。

　　A. 人民币叁万零壹拾元零伍角陆分　　　　B. 人民币三万零十元五角六分

　　C. 人民币三万零十元五角六分整　　　　　D. 人民币叁万零拾元伍角陆分

2. 填制原始凭证时，"人民币捌仟元零伍角整"规范的小写金额是（　　　）。

　　A. 8 000.50　　　　B.￥8 000.5　　　　C.￥8 000.50　　　　D.￥8 000.5-

3. 下列出票日期大写正确的是（　　　）。

　　A. 贰零零柒年捌月壹拾日（2007 年 8 月 10 日）

　　B. 贰零零柒年零壹月壹拾日（2007 年 1 月 10 日）

　　C. 贰零零柒年柒月拾日（2007 年 7 月 10 日）

　　D. 贰零零柒年零贰月零壹拾日（2007 年 2 月 10）

4. 当前我国流通的人民币是（　　　）。

　　A. 第一套人民币

　　B. 第二套人民币

　　C. 第三套人民币

　　D. 第四套、第五套人民币，以第五套人民币为主

5. 下列选项中，不具有假币没收权属的是（　　　）。

　　A. 银行　　　　　　B. 地税局　　　　　　C. 公安局　　　　　　D. 司法部门

6. 阿拉伯数字 1 的中文大写是（　　　）。

　　A. 壹　　　　　　　B. 壶　　　　　　　C. 一　　　　　　　D. 贰

7. 计算 8 765-32×21 等于（　　　）。

　　A. 6 093　　　　　B. 7 093　　　　　C. 8 093　　　　　D. 9 093

8. 在计算器的键盘中，表示开启电源的按键是（　　　）。

　　A. OFF　　　　　　B. AC/ON　　　　　C. MOOE　　　　　D. SHIFT

9. 在数 22/7，355/113，3.141 6，268/85 中，最小的数是（　　　）。

　　A. 22/7　　　　　B. 355/113　　　　　C. 268/85　　　　　D. 3.141 6

10. 运用 M+、MR 键计算下列两个表格的总计金额：

品名	电饭锅	饭碗	烧锅	盘子	勺子
单价（元）	199	8	98	15	28
数量（件）	205	6 338	278	1 345	3 751

总计金额：

品名	四季豆	黄瓜	辣椒	茄子	茼蒿
单价（元）	1.28	2.3	3.56	1.85	4.5
数量（斤）	246	178	422	323	567
总计金额：					

其中，正确的结果是（　　　）。

    A. 243 946，5 375.63　　　　　　　　B. 343 946，6 375.63

    C. 443 946，7 375.63　　　　　　　　D. 543 946，8 375.6

二、多选题

1. 票币整点必须做到（　　　）。

    A. 点准　　　　　　B. 蹾齐　　　　　　C. 捆紧　　　　　　D. 盖章清楚

2. 出纳工作应做到（　　　）。

    A. 手续严密　　　　B. 责任分明　　　　C. 制约严谨　　　　D. 准确及时

3. 下列须禁止的损害人民币的行为有（　　　）。

    A. 故意损毁人民币

    B. 制作、仿制、买卖人民币图样

    C. 未经中国人民银行批准，在宣传品、出版物或者其他商品上使用人民币图样

    D. 中国人民银行规定的其他损害人民币的行为

4. 一般来说，识别假币的最简单的方法可以概括为（　　　）。

    A. 一看　　　　　　B. 二摸　　　　　　C. 三听　　　　　　D. 四测

5. 在收付现金时发现疑似假币时，以下做法正确的有（　　　）。

    A. 应立即送交银行鉴别

    B. 单位发现可疑币不能断定真假时，发现单位不得随意加盖假币戳记和没收，应向持币人说明情况，开具临时收据，连同可疑币及时报送开户银行鉴定

    C. 经过开户银行鉴定，确属假币时，按正规方法处理；如确定不是假币时，应及时将票币退还持币人

    D. 假装没看见，让它们继续流通

6. 鉴别人民币真伪的简单方法可以概括为（　　　）。

    A. 手摸眼看辨别真伪　　　　　　　　B. 真假对比现原形

    C. 放大镜下解疑难　　　　　　　　　D. 鉴别仪器作结论

7. 点钞时的基本要领是（　　　）。

    A. 边点钞边小声记数　　　　　　　　B. 姿势正确

    C. 动作幅度小　　　　　　　　　　　D. 手脑并用

8. 保险柜在日常使用过程中应注意（　　　）。

    A. 隐蔽　　　　　　B. 保持干燥　　　　C. 通风　　　　　　D. 防虫防鼠

9. 对以下财物的保管应放入保险柜内的有（   ）。

   A. 空白支票   B. 银钱收据   C. 印章   D. 有价证券

10. 印章按其性质和作用可划分为多种，如（   ）。

   A. 公章   B. 专用章   C. 法定代表人私章   D. 钢印

三、判断题

1. 2015 年 1 月 10 日填开银行汇票金额为 ￥10 584 060.50，日期和金额的大写分别为贰零壹伍年零壹月零壹拾日，壹仟零伍拾捌万肆仟零陆拾元伍角整。（   ）

2. 送取现金要有安全措施，一般应有两人以上。（   ）

3. 现金的库存限额，是指为保证各单位日常零星支付，按规定允许留存现金的最高数额。（   ）

4. 点钞应从整数至零数，逐捆、逐把、逐卷地拆捆点数。（   ）

5. 出纳人员收付现金如发现假币，应立即送交附近银行鉴别，由银行开具没收凭证，予以没收处理。（   ）

6. 在点数过程中，一般应边点数，边在算盘或计算器上加计金额，点数完毕，算盘或计算器显示的数字和现金收、付款凭证上的金额应相同。（   ）

7. 中文大写金额数字到"元"为止的，在"元"之后，应写"整"字。（   ）

8. 印有位数的凭证，在填写大写金额数字时，金额之间有"0"时，可用阿拉伯金额数字"0"填写。（   ）

9. 填写原始凭证时，阿拉伯金额数字前面应当写明币种符号或者名称简写和币种符号。币种符号与阿拉伯金额数字之间不得留有空白。（   ）

10. 填写的大写金额数字，应当用汉字正楷或草书体书写。（   ）

四、综合题

1. 利用计算器探索规律：任选 1，2，3，…，9 中的一个数字，将这个数字乘 7，再将结果乘 15 873。你发现了什么规律？

2. 请根据所学，更正以下表格中的错误写法并分析原因。

小写金额	大写金额		
	正确写法	错误写法	错误原因
￥800.00		人民币捌佰元	
￥1 602.00		人民币壹仟陆佰元另贰元正	
￥19.08		人民币拾玖元捌分	
￥6 170.40		人民币陆仟壹佰柒拾元肆角零分	
￥6 170.40		人民币陆仟壹佰元柒拾零元肆角整	
￥6 170.40		人民币陆仟壹佰元柒拾元肆角整	

3. 请将中文大写金额数字换写成小写金额数字。

序号	大写金额	小写金额
1	壹仟肆佰零玖元伍角整	
2	陆仟零柒元壹角肆分	
3	壹仟陆佰捌拾元零叁角贰分（或壹仟陆佰捌拾元叁角贰分）	
4	壹拾万柒仟元零伍角叁分（或壹拾万零柒仟元伍角叁分）	
5	壹万陆仟肆佰零玖元零贰分	
6	叁佰贰拾伍元零肆分	

4. 情景模拟："八仙过海，各显其能"。小组成员两两合作，互相测试。

（1）测试过程：6~8人一组，对面而坐，两人一对。一名学生把钞票抽出 1~5 张不等，交给另一名学生清点，并记录清点结果。交换角色，直至每名学生点完三把。组长汇总评价表，并选出本组的点钞能手。按照小组完成的速度依次加分。

（2）记录表（所有学生填）。

	时间（秒）	对错
第 1 把		
第 2 把		
第 3 把		

（3）小组汇总表（组长填）。

学号							……
姓名	姓名 1	姓名 2	姓名 3	姓名 4	姓名 5	姓名 6	……
正确把数							……
最短时间							……

（4）各组点钞能手代表本组参赛，在 5 min 内哪位选手清点的钞票又多又准则获胜。要求参赛选手完整地完成拆把、点数、扎把、记数四个环节。

（5）评分标准。准确点完一把，无差错，记 100 分。点完一把，但数目不准的，记 0 分。最后，如果点完半把，数目准确，则按照每张 1 分记入总成绩；反之，则不计分。

（6）比赛计分表。

选手：第　　组，姓名：

	编号	张数	得分
第 1 把			
第 2 把			
第 3 把			
第 4 把			
第 5 把			
总成绩			

话题 3 手中万金有出处，他人帮理自家财
——现金和银行存款的管理

案例导入

2003 年初，因工作出色，史某被安排到某地社保中心做出纳员，管理全县机关事业养老保险支出户、企业养老保险基金和社会化管理服务基金收入和支出户等账户，每年经手资金数百万。

2006 年 4 月 4 日，社保中心副主任到银行对账发现一笔 35 万元的社保金不见了。她致电询问史某，对方称"用了 28 万元"。在单位的多次催促下，他心虚地把这笔钱还了。然而，进一步核查账目时，发现社保金账目存在上百万的黑洞！社保中心发现，从 2002 年 8 月至 2006 年 3 月的 3 年多时间里，史某将 196.57 万元公款装入了自己的腰包，贪污上百万公款。史某的父亲知道此事后带着儿子去自首。检察机关经取证，查实史某贪污公款人民币 1 965 743.60 元的事实，经过全力追缴，又追回 30 余万元，然而有 130 余万公款被其挥霍了。最终，史某被判处有期徒刑 15 年。

来源：新华网，有删改

问：通过上述案例，出纳人员在财务岗位应该如何做？

探寻 1 现金收付

情景导入

现金管理是出纳的一项重要工作。从最基本的点钞到现金的收支业务，出纳都要熟悉、掌握。任何一项业务不过关，工作都可能出现失误，从而造成不良影响。现金管理看似简单，实际操作却存在很多难点，特别需要留心细节问题。出纳既要做到不违反规定，又要掌握诸多技巧，使工作事半功倍。

一、现金的含义

现金有广义和狭义之分。广义的现金指单位的所有货币资金，如库存现金、银行存款等。狭义的现金指存放在出纳保险柜里的库存现款，又称库存现金。

二、现金管理规定

1. 现金使用范围

库存现金在日常生产经营活动中的使用范围较为广泛，但主要用于支付职工薪酬或者办理小额业务等方面。具体的现金使用范围如图 3-1 所示。

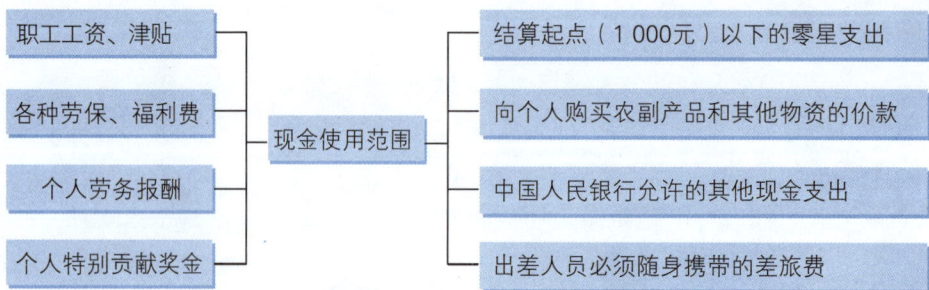

▲ 图 3-1　现金使用范围

2. 现金管理原则

明确了解库存现金的使用范围有助于出纳人员对库存现金进行统一规范的管理。为了日常工作的正常运转，单位都需要一定量的库存现金，而出纳人员就是这些现金的保管者。当缺少库存现金时，出纳人员需要去银行提取现金来补充库存现金。当收到借款人交回的预支款等现金超过库存限额时，出纳人员还需要将收到的现金及时送交银行，存入单位的银行基本户。现金管理需要遵守的基本原则见表 3–1。

表 3–1 现金管理的基本原则

基本原则	具体内容
收付合法原则	现金来源、使用、收付范围合法
钱账分管原则	出纳不得兼任收入、支出、债权债务账簿的登记、稽核，保管会计档案
收付两清原则	收付现金时当面点清，并且复核
日清月结原则	当日现金收付业务记入现金日记账，并结出账面余额，与实存数核对相符。现金日记账每月至少结算一次，并与其他有关账簿核对，核查账账是否相符

3. 现金使用限定

开户单位支付现金可以从本单位库存现金中支付或从开户银行中提取，不得从本单位的现金收入中直接支付，即不得"坐支"现金。因特殊情况需要坐支现金的单位，应事先报经有关部门审查批准，并在核定的范围和限额内进行。同时，收支的现金必须入账。

《现金管理暂行条例实施细则》第二十条规定："未经批准坐支或者未按开户银行核定坐支额度和使用范围坐支现金的，按坐支金额的10%～30%处罚。"

按照《现金管理暂行条例》及其实施细则的规定，企业、事业单位和机关、团体、部队现金管理应该遵守"八不准"，如图 3-2 所示。

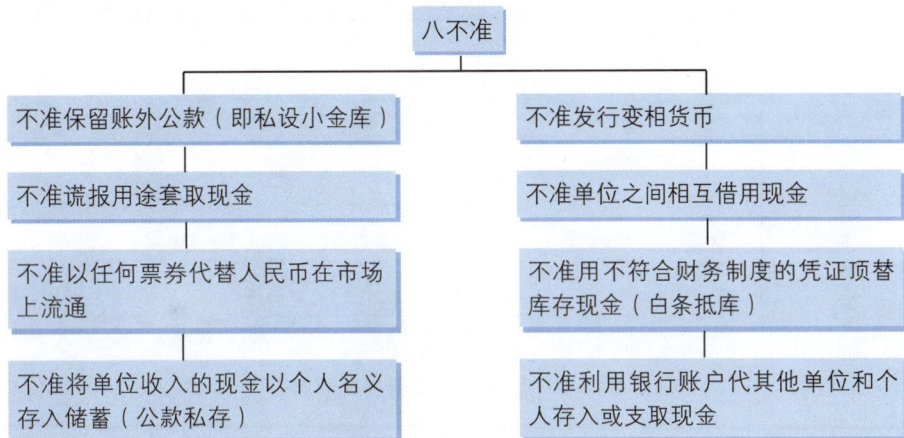

图 3-2 现金管理"八不准"

```
                        八不准
          ┌───────────────┴───────────────┐
不准保留账外公款（即私设小金库）        不准发行变相货币

不准谎报用途套取现金                    不准单位之间相互借用现金

不准以任何票券代替人民币在市场          不准用不符合财务制度的凭证顶替
上流通                                  库存现金（白条抵库）

不准将单位收入的现金以个人名义          不准利用银行账户代其他单位和个
存入储蓄（公款私存）                    人存入或支取现金
```

▲ 图 3-2 现金管理"八不准"

开户单位如有违反上述现金管理"八不准"的任何一种情况，开户银行有权按照《现金管理暂行条例》的规定，责令其停止违法活动，并根据情节轻重给予警告或罚款。

知识链接

财务人员要警醒的"小金库"

小金库的资金虽然脱离了国家财政制度的监管，是不符合规定的存在，但仍属于公司、企业单位所有。如果是在国有单位，侵占、挪用、私分小金库的资金，可以构成贪污罪、挪用公款罪和私分国有资产罪。如果在非国有单位，侵占、挪用小金库的行为可以构成职务侵占罪和挪用资金罪。特别说明：私设小金库的严重性远远大于坐支！

三、现金收入业务

1.现金收入业务的发生

各单位现金收入的主要来源是零售商品的销售收入、各种业务收入以及其他的零星收入，具体见表3-2。

表3-2　现金收入的来源

来源	具体内容
销售款	按照现金管理的有关规定，这类业务应通过基本存款账户转账收款。若金额较小（1 000元以下）才可以采用现金结算
提现	未达库存现金限额时，从单位基本存款账户提取现金，多采用现金支票支取
退回预借款项	单位或职工交回差旅费剩余款、备用金退回款等
其他款项	如违约罚款、包装物押金等

2.现金收入业务的处理原则

现金收入管理的目的是要求各单位现金收入要合法。出纳人员在收款时应遵守以下几个原则，如图3-3所示。

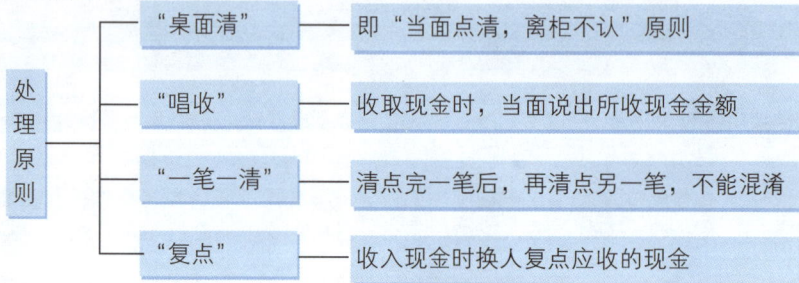

图3-3　现金收入业务的处理原则

四、现金支付业务

出纳人员要做好现金支付工作，就需要理顺每一笔现金支付业务的工作内容，按照现金支付业务的工作程序操作。例如，先审核原始凭证的合法性、合规性，再支付款项，并要求收款人签字，最后填制记账凭证，登记日记账。

1.现金支付业务的发生

①将收到的销售款或超出库存现金限额的部分现金存入银行。

② 单位职工的出差借款和报销。

③ 支付工资。

④ 支付劳动报酬。

2. 现金支付业务的处理原则（图3-4）

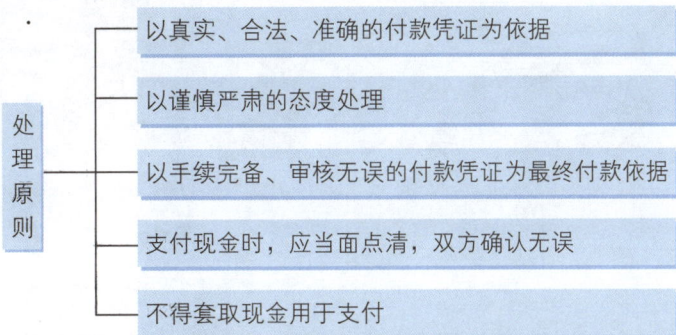

▲ 图3-4　现金支付业务的处理原则

经验谈

　　出纳人员在办理现金支付业务时要注意提前备好较多的零钱，元、角、分都要备齐。所以在取款时，出纳人员应将所需各种券别的数量开具清单一并交给银行经办人员，以便银行经办人员在付款时按要求搭配一定量的零钱。收到现金后，取款人应在柜台当面清点现金数量，清点无误后离开，切不可离开柜台后再清点。

探寻2　现金存取

情景导入

"害人之心不可有，防人之心不可无！"出纳人员应该时刻用这句话警醒自己。如果出纳室失窃，那么将会给单位带来严重的损失和极坏的影响。

一、现金送存业务

对库存现金应实行纸币和铸币分类保管，即按照面值分类，百元钞放在一起，一元钞放在一起，不同面值的硬币也分类存放。为加强对现金的管理，出纳的抽屉内只能存放工作时间使用的少量备用金，其余库存现金均应放入出纳专用的保险柜内，不得随意存放。下班前，出纳员需要对库存现金进行如下处理：

① 超库存限额的现金应在下班前送存银行。

② 限额内的库存现金当日核对无误后，一律放入保险柜内，不得放在抽屉内过夜。

二、现金支取业务

保险柜内存放过多的现金，一旦发生盗窃事件，出纳人员负有不可推卸的责任。相反地，如果库存现金准备少了，又可能会给工作带来不便。例如，恰巧遇上业务集中办理，导致短时间内库存现金不足，出纳人员就需要多次去银行取现补充库存，这样就会降低出纳人员的工作效率。库存现金一般以单位 3～5 天日常零星开支所需要的现金为限，距离银行远或交通不便的单位可适当放宽，但最高不超过 15 天日常零星开支所需的现金量。库存现金金额批准程序如图 3-5 所示。

库存现金的计算公式：

库存现金=前一个月平均每天支付的数额（不含每月平均工资数额）×限定天数

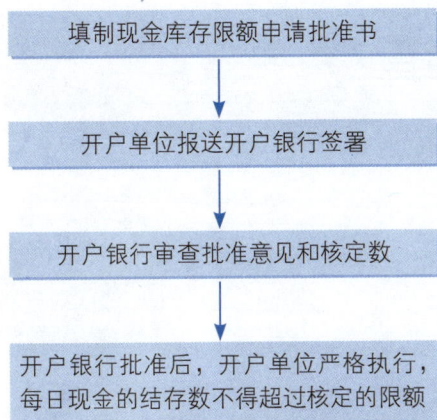

▲ 图 3-5　库存现金金额批准程序

例　一家公司的出纳人员统计出上个月现金总共支出 1.5 万元（不含工资），则 1.5 万元除以 22（每月工作日数），即得到每天现金支出 681.82 元左右。如果再乘天数 3（限定天数），那么就能估算出库存现金应不少于 2 000 元。

📎知识链接

出纳人员取款后的清点工作

如果提取的现金数额较大，当面清点有困难，应当将大捆大把的数字核对清楚，先点捆数，捆数无误后再拆捆复点把数，把数点完后最后点零张。当面点清散把和零张钞票后，把现金全部装入取款袋（箱），回单位后做进一步清点。清点现金时应注意以下几点：

①清点现金，特别是回单位清点，最好由本单位两位以上财务人员共同进行。

②清点应逐捆、逐把、逐张进行，做到一捆一把一清。清点时不要随意混淆或丢弃每一把的捆钞纸，只有把全捆所有把数清点无误后才可以将每把的捆钞纸连同每捆封签一起扔掉。

③在清点中发现有残缺、损伤的票币以及假币时，应立即联系银行要求调换。

④所有现金清点无误后才能发放使用，切忌一边清点一边发放。因为一旦发生差错，将无法查清。

⑤在清点过程中，特别是回单位清点的，如果发现确有差错，应将所取款项保持原状，通知银行经办人员，进行妥善处理。

探导 3　现金清查

情景导入

现金日记账的余额是51 364元，而实际数额只有51 308元，少了56元。这些钱去哪了？

别着急，再仔细核对清查一遍，一定会查出原因的。

出纳工作需要出纳人员细心认真地对待，但是，有时候工作中仍会出现一些疏漏，这就需要出纳人员掌握查找错误的技巧。

一、现金清查制度

1. 现金清查制度

现金是单位最活跃的一项资产。为了单位财产物资的安全完整，保证会计核算资料的客观真实，各单位应该对现金进行日常和不定期的清查审核。

日常是指出纳人员对库存现金必须做到日清日结。不定期是指事先不规定时间，由专人组成清查小组对库存现金进行突击清查。不定期清查的主要内容如下：

（1）清查组织

由有关领导和专业人员组成清查小组，定期或不定期地对库存现金情况进行清查盘点。

（2）清查重点

主要清查账款是否相符，有无白条抵库、私借公款、挪用公款或账外资金等违纪违法行为。

（3）清查时限

盘点时间应安排在一天业务开始之前或一天业务结束之后。

2. 现金清查方向

出纳人员需要定期对库存现金进行盘点清查（盘点采用实地盘点法），将库存现金与库存现金日记账的余额核对，确保账实相符。通常情况下，造成库存现金账实不符的原因如图

3-6 所示。

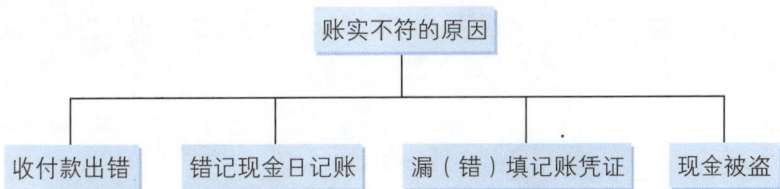

▲ 图 3-6　库存现金账实不符的原因

经验谈

财务室是一个特殊的地方。为了现金的安全管理，出纳人员应注意以下几点：

① 避免不是前来办理业务的同事在财务室停留过久。

② 本单位的同事办理业务结束后应及时引导或提醒其离开。

③ 尽量不在财务室为外单位的人员办理业务，可以选择在接待室或会议室办理。

④ 已离职的同事回访，应视同外单位人员接待。

二、现金短缺及溢余的发生及处理

1. 现金盘点报告表

单位按规定进行现金清查后，对于清查的结果应当编制"现金清查盘点报告表"，如图 3-7 所示。

单位名称：		年　　　月　　　日	金额单位：
账面余额	实存金额	盘盈金额	盘亏金额
结果：			
说明：			
意见：	备注：		
盘点人：	出纳：		

▲ 图 3-7　现金清查盘点报告表

2. 出现现金短缺及溢余的原因

① 一笔款项未收完，紧接着收取第二笔款项，搞混缴款者的款项。

② 收款清点完毕，对券别加计总数时未认真复核，发生加错金额、看错金额、看错券别、看错大数、点错尾数等差错。

③ 用点钞机点完一把钞票后进行捆扎时，没有留意到接钞台上遗留的钞票或钞票被卷入输送带，以至产生一把多、一把少的现象。

④ 未看清凭证上所列的付款金额数，粗心大意，随手支付。

3. 现金短缺及溢余的处理

清查时，无论现金盘亏或盘盈，都需要及时纠错。出纳人员需要积极与会计人员配合，进行相应的账务处理。

（1）现金盘亏

①属于现金短缺，处理如下：

借：待处理财产损溢——待处理流动资产损溢

    贷：库存现金

②属于应由责任人（或保险公司）赔偿的部分，处理如下：

借：其他应收款——应收现金短缺款（或应收保险赔款）

    贷：待处理财产损溢——待处理流动资产损溢

③属于无法查明的其他原因，根据管理权限，经批准后处理如下：

借：管理费用——现金短缺

    贷：待处理财产损溢——待处理流动资产损溢

> **例** 在财产清查中发现现金短缺 50 元，且属于出纳人员的保管责任。
>
> 报经批准前的账务处理（账面调整）：
>
> 借：待处理财产损溢——待处理流动资产损溢   50.00
>
>   贷：库存现金   50.00
>
> 报经批准后的账务处理（核销）：
>
> 借：其他应收款——应收××现金短缺款   50.00
>
>   贷：待处理财产损溢——待处理流动资产损溢   50.00

（2）现金盘盈

①属于现金溢余，处理如下：

借：库存现金

    贷：待处理财产损溢——待处理流动资产损溢

②属于应支付给有关人员或单位的，处理如下：

借：待处理财产损溢——待处理流动资产损溢

    贷：其他应付款——应付现金溢余（单位或个人）

③属于无法查明的其他原因，根据管理权限，经批准后处理如下：

借：待处理财产损溢——待处理流动资产损溢

    贷：营业外收入——现金溢余

探寻 4　银行结算账户

情景导入

情景一：

情景二：

　　银行账户的管理是出纳人员除现金管理外的一项重要工作。一家单位在银行可以开立很多账户，但是每类账户都有特殊的规定。出纳人员要肩负起银行账户的管理任务。

一、银行结算账户的概念与种类

　　人民币银行结算账户（以下简称银行结算账户），是指银行为存款人开立的用于办理现金存取、转账结算等资金收付活动的人民币活期存款账户。它是存款人办理存、贷款和资金收付活动的基础。

　　单位银行结算账户是存款人以单位名称开立的银行结算账户。个体工商户凭营业执照以字号或经营者姓名开立的银行结算账户纳入单位银行结算账户管理。

个人银行结算账户是存款人凭个人身份证件以自然人名称开立的银行结算账户。

单位银行结算账户按用途可以分为基本存款账户、一般存款账户、专用存款账户和临时存款账户。

经验谈

基本存款账户是最关键的账户！如果没有基本存款账户，那么单位就无法开张。各单位为办理结算和申请贷款需要在银行开立账户。原则上，一家单位开立多少银行账户并没有限制，但如果账户开立过多，就会造成管理上的不便。而且若一个账户存款较少，还需向银行缴纳一定的手续费。所以单位开立银行账户需慎重。

例 多选：单位银行结算账户按用途分为（   ）。

A.基本存款账户   B.一般存款账户

C.专用存款账户   D.临时存款账户

提示 考查单位银行结算账户的分类及其用途。

二、银行结算账户的开立、变更和撤销

1.账户的开立

开立账户时，不仅对开户银行的选择要慎重，而且要坚持开立账户的三个原则。如图3-8所示。

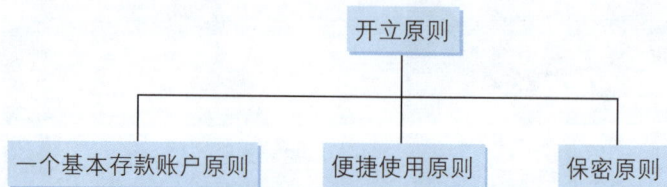

▲ 图3-8 银行账户的开立原则

目前，金融市场逐步开放，银行业竞争也日趋激烈。除了国有的工、农、中、建四大银行，还有城市商行、股份制银行以及注册地在境外的银行等。出纳人员在选择开设开户银行的时候需要考虑以下方面：

① 银行与单位是否就近。

② 银行服务设施及项目是否先进、齐全，能否直接办理异地快速结算。

③ 银行信贷资金是否雄厚，能否在单位困难时期提供一定的贷款支持。

④ 资金是否安全可靠。

⑤ 服务是否周到全面。

开立银行结算账户的具体过程见表 3-3。

表 3-3　银行结算账户的开立程序

步骤	时效	责任人
① 提交开户申请书及相关材料	无	存款人
② 开户银行审查	5 日内	开户行
③ 向中国人民银行分支机构核准或备案		中国人民银行分支机构
④ 中国人民银行核准，资料退回报送银行	2 日内	中国人民银行分支机构
⑤ 开户银行颁发开户许可证	无	开户行
⑥ 开户银行通知基本存款账户	3 个工作日内	开户行

例　单选：ABC 公司因经营需要与农行某支行借款 200 万，拟在农行再开立一个基本存款账户。但银行只为其开立了一般存款账户。公司于开户当日将借款金额划转至工行基本存款账户中。对上述事例的分析，下列说法中错误的是（　　　　）。

　　A. 农行拒绝为其开立基本存款账户的做法正确

　　B. 存款人开立单位银行结算账户，自正式开立之日起 3 个工作日后，方可办理付款业务

　　C. 企业于开户当日将借款金额划转至工行基本存款账户的做法正确

　　D. 开立一般存款账户需要中国人民银行核准

分析　农行开立的新账户属于因借款转存开立的一般存款账户，因此可以在开户当日将借款金额划转至工行基本存款账户，故选项 C 正确。选项 D，存款人开立基本存款账户、临时存款账户（因注册验资和增资验资开立的除外）和预算单位开立专用存款账户实行核准制，一般存款账户不需要核准。

2. 账户的变更

在单位的资金来源或所有制性质未发生变化的前提下变更账户名称，不必变更账号，但是营业执照的相关内容、印章名称都必须变更，且据此预留新印鉴。

当单位资金来源或性质发生变化，所有制性质也随之改变时，不仅要变更账户名称，还需要变更账号。银行会撤销原账户，重新开立新账户，为其编列账号。

变更银行结算账户的具体过程见表 3-4。

表 3-4　银行结算账户的变更程序

步骤	时效	责任人
① 向银行提交申请	5 个工作日内	存款人
② 开户银行审查	2 个工作日内	开户行

3. 账户的撤销

开户单位因关、停、并、转等原因，向银行提出撤销账户的申请。销户申请经银行审查，并核对其存、贷款账户后，予以办理销户手续。

> 《银行账户管理办法》第二十七条规定："开户银行对一年（按对月对日计算）未发生收付活动的账户，应通知存款人自发出通知起 30 日内来行办理销户手续，逾期视同自愿销户。"

单位如果撤销不再经营，需要先进行工商、税务，以及组织机构代码证的注销。以上进行完毕后才可以进行银行账户的撤销工作。在销户的过程中，需要先将上述撤销文件送交开户银行，然后才能办理银行账户的注销。撤销银行结算账户的具体过程见表 3-5。

表 3-5 银行结算账户的撤销程序

步骤	时效	责任人
① 向开户银行提交申请	5 个工作日内	存款人
② 通知该存款人开户银行的其他银行	2 个工作日内	开户行
③ 存款人开户行的其他银行通知存款人办理撤销手续	2 个工作日内	开户行的其他银行
④ 办理开户银行的其他银行结算账户的撤销	3 个工作日内	存款人

例　单选：关于银行结算账户的变更与撤销，下列表述不正确的是（　　　　）。

A. 存款人更改名称但不更改开户银行及账号，应于 5 个工作日内向开户银行提出变更申请，并出具相关证明

B. 单位的法定代表人发生变更时，应于 3 个工作日内书面通知开户银行并提供相关证明

C. 存款人因注销或被吊销营业执照的，应于 5 个工作日内向开户银行提出撤销银行结算账户的申请

D. 存款人尚未清偿其开户银行债务的，不得申请撤销银行结算账户

提示　考查银行结算账户的变更与撤销的知识。

三、银行结算账户的管理

单位的银行账户，无论是基本存款账户还是一般存款账户，都会受到相关法律法规的制约。单位的银行账户在使用过程中应该遵守三不原则，具体内容如图 3-9 所示。

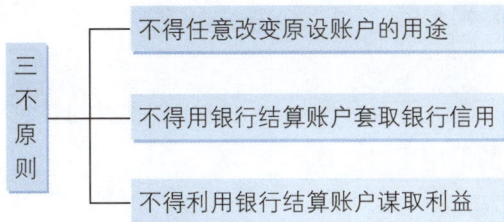

▲ 图 3-9　银行账户的三不原则

一般企事业单位银行账户管理规定包含以下内容：

① 认真遵守国家法规，积极配合银行例行检查。

② 只供本单位业务经营范围内的资金收付，不得出租、出借和转让。

③ 各种收付款凭证，必须如实填明款项来源或用途，不得巧立名目，弄虚作假。

④ 不得套取现金，套购物资，严禁利用单位银行账户进行非法活动。

⑤ 银行账户上必须有足够的资金保证支付。不准签发空头的支款凭证和远期的支付凭证。

⑥ 要及时、准确地记载银行往来账务，并定期核对。

探寻 5　银行卡业务

情景导入

单位银行卡的进、出账款都需要登记银行存款日记账。出纳人员私自使用单位银行卡，会导致账目不清，甚至触犯法律。

一、银行卡的概念和分类

1. 银行卡的概念

银行卡是指由商业银行（含邮政金融机构）向社会发行的具有消费信用、转账结算、存取现金等全部或部分功能的信用支付工具。

2. 银行卡的分类

（1）按能否提供信用透支功能分类（图 3-10）

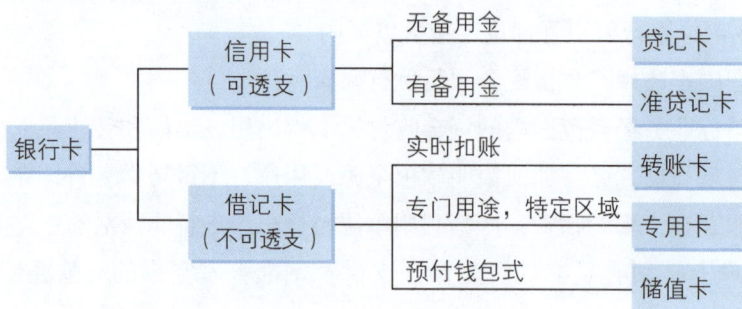

图 3-10　银行卡的分类

借记卡、贷记卡和准贷记卡的区别（表 3-6）

表 3-6　借记卡、贷记卡和准贷记卡的区别

卡名	区别
借记卡	持卡人在发卡银行拥有一定金额的存款账户，并以存款金额作为消费限额，一般不允许透支
贷记卡	标准意义上的信用卡。持卡人无须在发卡银行拥有存款账户或办理存款手续，就可申请获得，并可以持卡在指定的商业零售机构或服务机构进行消费
准贷记卡	持卡人须先按发卡银行要求交存一定金额的备用金，当备用金账户余额不足以支付时，可在发卡银行规定的信用额度内透支

（2）其他分类

① 按发卡对象不同，可分为单位卡（商务卡，不可随意出租、出借他人使用）和个人卡。

② 按银行卡的使用范围不同，可分为国际卡、国内卡和地区卡。

③ 按持卡人的从属关系不同，可分为主卡和附属卡。

④ 按银行卡的清算币种不同，可分为人民币卡、外币卡和双币种卡。

⑤ 按卡片信息的存储方式不同，可分为磁条卡、IC 卡和复合金融卡。

二、银行卡账户和交易

1. 银行卡交易的基本规定

① 单位人民币卡可办理商品交易和劳务供应款项的结算，但不得透支。单位卡不得支

取现金。

② 发卡银行对贷记卡的取现应当每笔进行授权，每卡每日累计取现不得超过限定额度。

③ 发卡银行应当依照法律规定遵守信用卡业务风险控制要求。

④ 准贷记卡的透支期限最长为 60 天。贷记卡的首月最低还款额不得低于其当月透支余额的 10%。

⑤ 发卡银行通过下列途径追偿透支款项和诈骗款项：扣减持卡人保证金；依法处理抵押物和质押物；向保证人追索透支款项；通过司法机关的诉讼程序进行追偿。

2. 银行卡的资金来源

单位卡账户的资金，一律从其基本存款账户转账存入，不得交存现金，不得将销货收入的款项存入其账户。

个人卡账户的资金，以其持有的现金存入或以其工资性款项及属于个人的合法的劳务报酬、投资回报等收入转账存入。严禁将单位的款项存入个人卡账户里。

三、银行卡计息和收费

1. 计息

（1）准贷记卡和借记卡

发卡银行对准贷记卡和借记卡（不含储值卡）账户内的存款，按照中国人民银行规定的同期同档次存款利率及计息办法计付利息。

（2）贷记卡

发卡银行对贷记卡账户的存款、储值卡（含 IC 卡的电子钱包）内的币值不计付利息。贷记卡持卡人非现金交易享受以下优惠条件：

① 免息还款期待遇。银行记账日至发卡行规定的到期还款日之间为免息还款期。最长为 60 天。

② 最低还款额待遇。持卡人在到期还款日前偿还所使用全部银行款项有困难时，可按发卡行规定的最低还款额还款。

③ 贷记卡在选择最低还款额或超过批准的信用额度用卡时，不享受免息还款期待遇。

❗注意

贷记卡支取现金、准贷记卡透支均不享受免息还款期和最低还款额待遇。

贷记卡透支按月计收复利，准贷记卡按月计收单利，透支利率为日利率 0.05%。

2. 收费

① 商业银行办理银行卡收单业务向商户收取结算手续费。

② 持卡人在他行自动取款机取款应向发卡行按规定标准缴纳手续费（由发卡行确定）。

探导6　支票业务

情景导入

除了现金，出纳人员还会经常接触到支票。支票的签发、鉴别和使用是出纳人员的必备技能。

一、支票的相关知识

1.支票的概念及种类

支票是由出票人签发，委托办理支票存款业务的银行或者其他金融机构在见票时无条件支付确定的金额给收款人或持票人的票据。

支票分为现金支票、转账支票和普通支票，如图 3-11、图 3-12、图 3-13 所示。

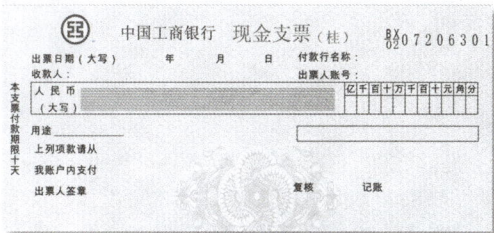

图 3-11　现金支票

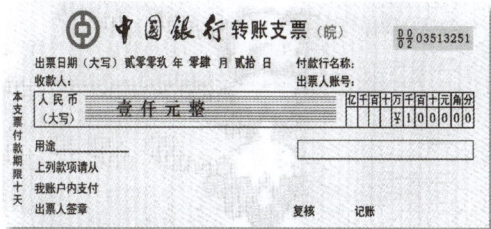

图 3-12　转账支票

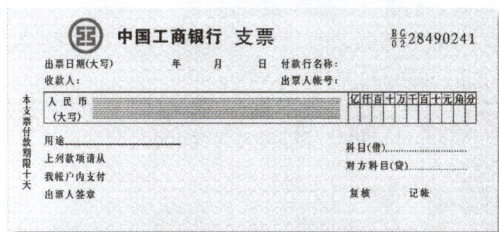

图 3-13　普通支票

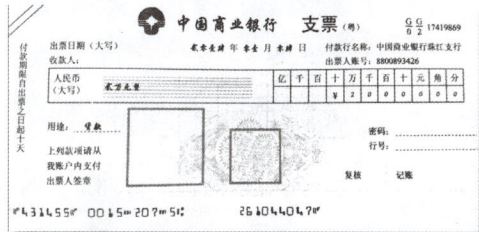

图 3-14　划线支票

一般地，现金支票只可以支取现金，转账支票只能用于转账，而普通支票既可以支取现金又可以用于转账。但要特别注意普通支票左上角画两条平行线"//"的，称为划线支票，如图 3-14 所示。划线支票只能用于转账。

2. 支票的特点（图 3-15）

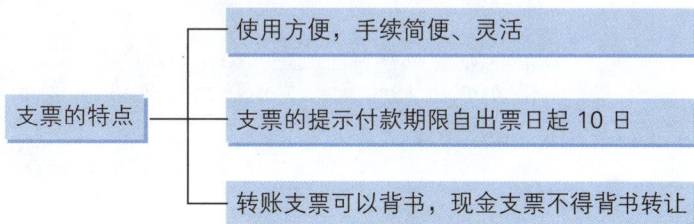

- 使用方便，手续简便、灵活
- 支票的特点
- 支票的提示付款期限自出票日起 10 日
- 转账支票可以背书，现金支票不得背书转让

图 3-15　支票的特点

3. 支票的获取方式

支票的取得方式如图 3-16 所示。

单位向银行提出申请 ➡ 银行向申请人出售支票

图 3-16　支票的取得方式

支票的申办流程如图 3-17 所示。

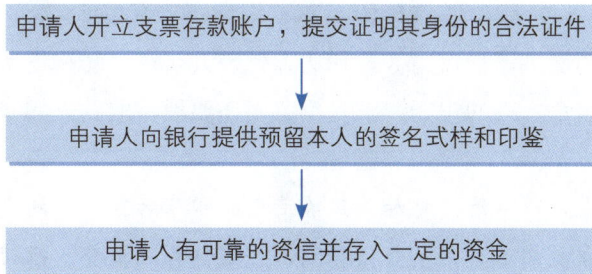

申请人开立支票存款账户，提交证明其身份的合法证件
↓
申请人向银行提供预留本人的签名式样和印鉴
↓
申请人有可靠的资信并存入一定的资金

图 3-17　支票的申办流程

4. 支票的使用

（1）支票签发"九不准"（图3-18）

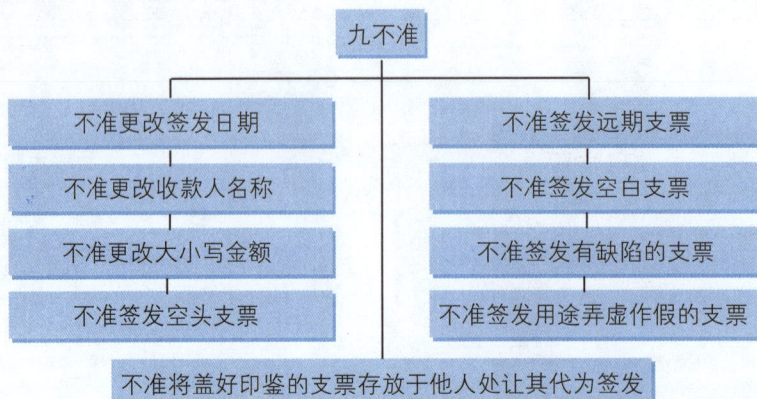

```
                        九不准
        ┌─────────────────┴─────────────────┐
   不准更改签发日期                      不准签发远期支票

   不准更改收款人名称                    不准签发空白支票

   不准更改大小写金额                    不准签发有缺陷的支票

   不准签发空头支票                      不准签发用途弄虚作假的支票

        └──── 不准将盖好印鉴的支票存放于他人处让其代为签发 ────┘
```

▲ 图3-18　支票签发"九不准"

《中国人民银行票据管理实施办法》第三十一条规定："签发空头支票或者签发与其预留的签章不符的支票，不以骗取财物为目的的，由中国人民银行处以票面金额5%但不低于1 000元的罚款。"中国人民银行及其分支机构依据上述规定对空头支票的出票人予以处罚。

例　王老板的公司开具了面值400万元的空头支票，按规定在以票面金额的5%缴纳罚款，即 4 000 000×5%=200 000（元）。

（2）支票审查

出纳人员在日常工作中经常接触支票。如果签发和接收支票时忽略细节问题，那么支票就可能作废。在收到付款单位的支票后，出纳人员首先应对支票进行审查，以免收进假支票或无效支票。对支票的审查应包括如下内容：

①出票日期是否大写。现金支票的日期最好是当天的日期。

②收款单位是否为本单位的账户名称。

③大小写金额填写是否正确并相符，金额一经填写，不能改动。

④在签发单位盖章处是否加盖单位印鉴，即财务专用章和法人代表人名章。具体来说，现金支票正、反两面都需加盖财务章和法人代表人名章。转账支票只需在正面加盖财务专用章和法人代表人名章。有的银行要求支票背面还要填写取款人的身份证号码和姓名。

注意

若印章盖颠倒，或盖得不清，再加盖正确清晰的印章后，这样的支票是有效的。盖章应盖在指定位置，章与章之间不可以重叠，若超出指定位置或重叠，银行一定会退票。

⑤如果预留密码，还应填写密码。

⑥ 如果是背书转让的支票，就需检查其背书是否正确、连续。

📎 知识链接

背书转让

因为票据的流动性比现金差，所以为了使手中票据的流动性达到现金的效果，就需要一道手续。这个手续就叫"背书"。

背书分为记名背书（特定背书，背书时写明受票人姓名或受票单位名称）和不记名背书（空白背书，未写明受票人姓名或受票单位名称）。

背书是将手中的票据转给别人，以此代替银行存款转账。持票人在票据背面或者粘贴单上记载有关事项并签章，将票据权利转让他人，具体流程如图3-19所示。

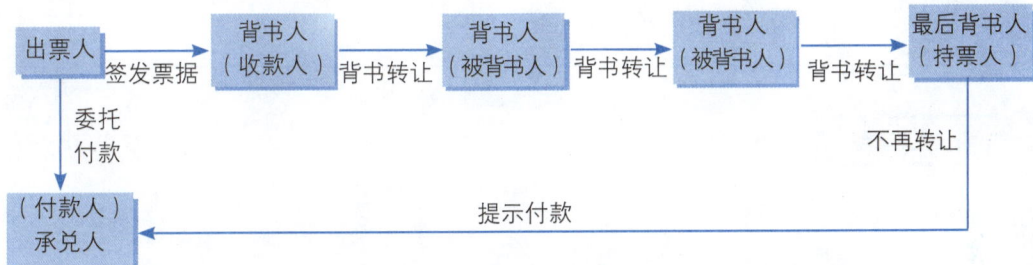

图 3-19　背书转让流程

经过背书，票据的所有权由背书人转给被背书人。如果出票人到期不付款，那么背书人必须承担偿付责任。

---

⑦ 收款单位的出纳人员对受理的转账支票审查无误后，即可填制一式两联进账单，连同支票一并送交其开户银行。开户银行审核无误后即可在进账单第一联上加盖"转讫"章退回收款单位。收款单位根据银行盖章退回的进账单第一联编制银行存款的收款凭证。

（3）支票领用登记

日常工作中，在给客户或者同事开具支票后，一定要让经办人以及领用人在支票领用登记簿上签字，注明金额、领用日期、领用人以及审核人信息。出纳人员有责任监督支票领用人认真填写信息。支票领用登记表样式见表3-7。

表 3-7　支票领用登记表

日期	支票类型	支票号码	收款单位	金额	领用人	核准人
2015-6-21	现金支票	X997573669	本企业	50 000	孙浩	李文森

二、支票业务的账务处理程序

单位收到或签发支票时，应该直接登记银行存款日记账和银行存款总账。

例　7月1日，从海城市红光金属材料公司购入甲材料1 000 kg，单价99元，增值税税率17%，加税合计115 830元，以转账支票支付，材料已入库。

会计分录：

借：原材料——甲材料　　　　　　　　　　99 000.00

　　应交税费——应交增值税（进项税额）　16 830.00

　　贷：银行存款　　　　　　　　　　　　115 830.00

探导7　银行存款的清查

情景导入

一、银行存款的清查方法和内容

银行存款是单位非常重要的资金，单位需要对银行存款进行定期清查。银行存款的清查一般在月末进行。银行存款的清查采用与开户银行核对账目的方法，即将本单位的银行存款日记账与开户银行传来的对账单中的账面记录逐笔核对。银行存款的清查内容如图3-20所示。

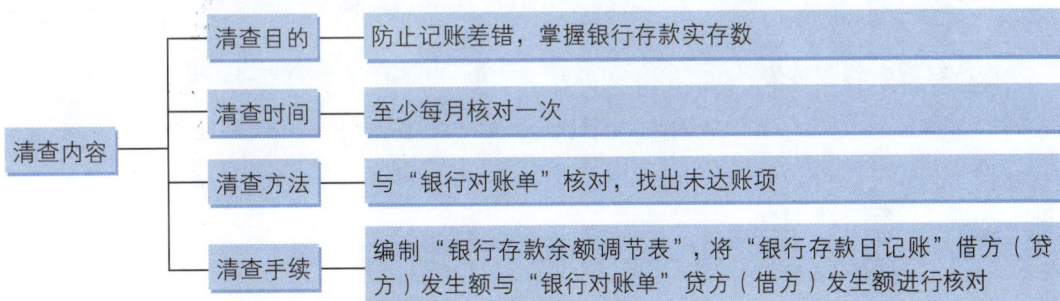

```
            ┌─ 清查目的 ── 防止记账差错，掌握银行存款实存数

            ├─ 清查时间 ── 至少每月核对一次
清查内容 ──┤
            ├─ 清查方法 ── 与"银行对账单"核对，找出未达账项

            └─ 清查手续 ── 编制"银行存款余额调节表"，将"银行存款日记账"借方（贷
                          方）发生额与"银行对账单"贷方（借方）发生额进行核对
```

▲ 图3-20　银行存款的清查内容

银行存款清查是出纳人员的日常工作。出纳人员应定期进行银行存款的清查，并根据清查的结果编制银行存款余额调节表。

例 单选：对银行存款进行清查时，应将（　　　）与银行对账单逐笔核对。

A. 银行存款总账　　　　　　　　B. 银行存款日记账

C. 库存现金日记账　　　　　　　D. 库存现金总账

提示 考查银行存款的清查方法，掌握清查银行存款的内容。

二、银行存款日记账与银行对账单的核对

1. 未达账项

银行存款日记账与银行对账单在核对的过程中可能存在未达账项。未达账项是指对于同

一项业务，单位与银行之间一方已登记入账，另一方由于没有接到有关结算凭证而尚未记账的事项。未达账项产生的原因主要是企业和银行收到结算凭证的时间不一致。

例　单选：在单位与银行双方记账无误的情况下，银行存款日记账与银行对账单余额不一致的原因是（　　　）的存在。

　　A. 应收账款的存在　　　　　B. 应付账款

　　C. 未达账项　　　　　　　　D. 其他货币资金

分析　　银行存款清查时，出现账实不符的情况后，在确定银行存款日记账与银行对账单都正确无误后，首先考虑未达账项的存在。

案例

　　苏珊对银行存款进行清查时，发现存在账实不符的现象。苏珊说："在对银行存款进行清查时，如果存在账实不符的现象，肯定是由未达账项引起的。"请问这种说法正确吗？

　◆**分析**

　　在银行存款清查时，出现账实不符的原因除了未达账项，还存在单位银行存款日记账记账有误、银行记账有误等原因，所以上述说法错误。

2. 银行存款余额调节表

　　将银行存款日记账与银行对账单中的业务逐日逐笔核对，同一笔业务双方都有记录的，在金额旁边用铅笔画"√"。若双方出现不一致的情况，则需要编制"银行存款余额调节表"。

　　在编制"银行存款余额调节表"时，调节公式如下：

　　银行存款日记账余额＋银行已收单位未收的款项－银行已付单位未付的款项＝银行对账单余额＋单位已收银行未收的款项－单位已付银行未付的款项

案例

　　某企业 2015 年 1 月 31 日银行存款日记账余额为 165 049 元，企业从开户银行取得的对账单为 180 917 元。经核对，发现以下未达账项：

　　(1)企业已收款入账，银行尚未入账：送存的兴达公司支票一张，金额 5 000 元。

　　(2)企业已付款入账，银行尚未入账：支付四通公司的货款，转账支票金额 4 000 元。

　　(3)银行已收款入账，企业尚未入账：委托银行收取的货款，金额 16 936 元。

　　(4)银行已付款入账，企业尚未入账：结算手续费 68 元。

　　请问：应如何编制"银行存款余额调节表"？

◆分析

编制的银行存款余额调节表见表 3-8。

表 3-8　银行存款余额调节表

项目	金额	项目	金额
银行存款日记账余额	165 049.00	银行对账单余额	180 917.00
加：银行已增，企业未增	16 936.00	加：企业已增，银行未增	5 000.00
减：银行已减，企业未减	68.00	减：企业已减，银行未减	4 000.00
调节后余额	181 917	调节后余额	181 917.00

岗位训练

一、单选题

1. 经过编制"银行存款余额调节表"调整后的银行存款余额为（　　　　）。

　　A. 单位账上的银行存款余额　　　　　　B. 银行账上的单位存款余额

　　C. 单位可动用的银行存款数额　　　　　D. 单位应当在会计报表中显示的银行存款余额

2. 在查明原因前，现金短缺的正确会计处理是（　　　　）。

　　A. 借：库存现金　　　　　　　　　　　B. 借：待处理财产损溢

　　　　　贷：以前年度损溢调整　　　　　　　　　贷：库存现金

　　C. 借：库存现金　　　　　　　　　　　D. 借：以前年度损溢调整

　　　　　贷：待处理财产损溢　　　　　　　　　　贷：库存现金

3. 单位银行结算账户中，只能开一个账户的是（　　　　）。

　　A. 专用存款账户　　B. 基本存款账户　　C. 一般存款账户　　D. 临时存款账户

4. 下列银行存款账户中，可以办理现金支取业务的是（　　　　）。

　　A. 专用存款账户　　B. 基本存款账户　　C. 一般存款账户　　D. 临时存款账户

5. 单位发生现金短缺，且无法查明原因，正确的会计处理是（　　　　）。

　　A. 借：其他应收款　　　　　　　　　　B. 借：管理费用

　　　　　贷：待处理财产损溢　　　　　　　　　贷：待处理财产损溢

　　C. 借：待处理财产损溢　　　　　　　　D. 借：待处理财产损溢

　　　　　贷：其他应付款　　　　　　　　　　　贷：营业外收入

6. 出纳人员可以登记的账簿是（　　　　）。

　　A. 费用明细账　　B. 收入明细账　　　C. 总账　　　　D. 库存现金日记账

7. 下列银行存款账户中，用于支付工资及奖金的是（　　　　）。

　　A. 基本存款账户　　　　　　　　　　　B. 一般存款账户

　　C. 临时存款账户　　　　　　　　　　　D. 专用存款账户

8. 根据《现金管理暂行条例》的规定，边远地区和交通不便地区的企业库存现金最高限额可多于 5 天的日常零星开支所需的现金，但最多不能超过（　　　　）的日常零星开支。

　　A. 一个月　　　　　B. 20 天　　　　　C. 15 天　　　　　D. 10 天

9. 企业收到支票并填制进账单到银行办妥手续后应借记（　　　　）科目。

　　A. 应收票据　　　B. 银行存款　　　　C. 库存现金　　　　D. 其他货币资金

10. 下列各项，不可以采用现金结算的是（　　　　）。

　　A. 支付职工工资 2 500 元　　　　　　B. 向个人收购农副产品 6 300 元

　　C. 向一般纳税企业购入材料 1 200 元　　D. 采购员随身携带差旅费 3 500 元

二、多选题

1. 按现行会计制度的规定，下列行为不符合规定的是（　　　　）。

　　A. 用银行账户替他人收支

　　B. 将现金用个人名义存入银行

　　C. 不加以认证或审核供应商提供的购货发票就立刻办理

　　D. 未经审批即支付已到期的应付账款

2. 对票据的审核，下列说法正确的有（　　　　）。

　　A. 对于内容不够完整、填写错误的，应退回有关经办人员更正或重开

　　B. 对于不真实、不合法的票据不予接受

　　C. 对真实、合法但领导未签字的票据可以报销

　　D. 对领导已签字的票据不加以审核就予以支付或报销

3. 单位因实际需要使用空白转账支票结算时，经单位领导同意后，应在空白支票上填写的内容有（　　　　）。

　　A. 支票日期　　　　　　　　　　　　B. 收款单位

　　C. 支票用途　　　　　　　　　　　　D. 在支票的右上角加注"限额"某某元字样

4. 银行结算账户按用途的不同分为（　　　　）。

　　A. 基本存款账户　　　　　　　　　　B. 一般存款账户

　　C. 专用存款账户　　　　　　　　　　D. 临时存款账户

5. 基本存款账户的使用范围包括存款人的（　　　　）。

　　A. 日常经营活动的资金收付　　　　　B. 工资的支取

　　C. 粮、棉、油收购资金　　　　　　　D. 现金支取

6. 存款人的下列情形属于应被撤销银行结算账户的有（　　　　）。

　　A. 被撤并、解散、宣告破产或关闭的

　　B. 注销、被吊销营业执照的

　　C. 因迁址需要变更开户银行的

　　D. 其他原因需要撤销银行结算账户的

7. 对于下列资金的使用与管理，存款人可以申请开立专用存款账户的有（　　　　）。

　　A. 基本建设资金　　　　　　　　　　B. 流动资金借款

　　C. 财政预算外资金　　　　　　　　　D. 粮、棉、油收购资金

8. 银行存款日记账余额与银行存款对账单余额不一致，原因可能有（　　　　）。

　　A. 银行存款日记账记账有误　　　　　B. 银行记账有误

　　C. 存在未达账项　　　　　　　　　　D. 存在企业与银行均未付的款项

三、判断题

1. 现金日记账要做到月清月结、账款相符。　　　　　　　　　　　　　（　　）

2. 现金的使用范围没有限制。　　　　　　　　　　　　　　　　　　　（　　）

3. 领导已签字同意报销的单据，出纳人员在入账时不必再对单据的合规性、真实性进行审核。　　　　　　　　　　　　　　　　　　　　　　　　　　　　　（　　）

4. 银行存款日记账期末余额应与银行对账单期末余额核对相符，如不相符，只要能说明清楚即可，不需要编制"银行存款余额调节表"调账。　　　　　　　　　　（　　）

5. 现金的清查是采用实地盘存法确定库存现金的实存数，然后与现金日记账的账面余额相核对，确定账实是否相符。　　　　　　　　　　　　　　　　　　　（　　）

6. 预留印鉴如果发生遗失，出纳人员应当及时上报有关领导。　　　　　（　　）

7. 出纳人员对货币资金收入的处理程序中，包括收款审批。　　　　　　（　　）

8. 空白支票应当保管在保险柜中。　　　　　　　　　　　　　　　　　（　　）

9. 登记现金日记账时，应使用钢笔、碳素墨水笔，以蓝、黑色墨水书写。登记应规范并且连续登记。　　　　　　　　　　　　　　　　　　　　　　　　　　　（　　）

四、综合题

1. 请简述填写支票的要求。（至少说出 5 点）

2. 宏达公司收到银行存款对账单，如下图所示：

2015年		凭证		摘　要	借　方	贷　方	余　额
月	日	字	号				
12	1			期初余额			81 000.00
12	3			存现金		500.00	81 500.00
12	3			销售收款		1 170.00	82 670.00
12	3			取得贷款		100 000.00	182 670.00
12	3			提现	2 000.00		180 670.00
12	3			预付货款	3 000.00		177 670.00
12	4			结算存款利息		2 000.00	179 670.00
12	4			代付水电费	1 500.00		178 170.00
12	5			发放工资	52 284.00		125 886.00

　　出纳人员将单位的银行存款日记账与银行提供的对账单进行核对后，发现截至当天的未达账项有以下几项：

　　1. 公司收回货款 2 000 元，支票已交银行，银行尚未到账。

　　2. 公司购料开出支票 468 元，尚未从银行划款。

3. 银行结算存款利息 2 000 元，银行回单未到，公司未入账。

4. 银行代付水电费 1 500 元，银行回单未到，公司未入账。

请根据以上资料编制"银行存款余额调节表"。

银行存款余额调节表

项目	金额	项目	金额
企业银行存款日记账余额		银行对账单余额	
加：银行已收，企业未收		加：企业已收，银行未收	
减：银行已付，企业未付		减：企业已付，银行未付	
调节后的存款余额		调节后的存款余额	

进出账款有依据，打好根基开好局
——会计凭证和发票的管理

案例导入

　　2014年7月3日，某市地方税务局稽查部门在对某商业银行的日常稽查中，发现两张某省服务业统一发票。发票监制章为该省国家税务局签发，出具发票方为该市某广告策划有限公司，摘要均为广告宣传费。两张发票的金额分别为60 000元和80 000元，票号分别为2206017和2206020。稽查人员向财务人员查询该项经济业务的合同后，发现该笔合同金额为180 000元。其中，还有一笔支付款为40 000元，发票为某省地方税务局监制。稽查人员初步认为这是一起利用假发票偷税的违法行为，随即将该发票、转账支票存根联、经济合同复印后经被查单位签字盖章，作为证据带回税务局。该稽查部门通过查找发票管理部门的资料，发现该公司2011年领取服务业发票两本，2012年、2013年各领取服务业发票四本，2014年领取服务业发票两本。从商业银行取得的证据来看，上述业务为2013年10月发生，合同金额为180 000元，其中，40 000元的发票号在发票管理部门的资料中能查到，而另外两张合计140 000元的发票却是假发票。

　　问：1. 在日常工作中，应如何正确管理和使用发票？

　　　　2. 该公司的这种违法行为应受到什么处罚？

探导 1　会计凭证的管理

情景导入

每月初，会计人员做账完毕后，出纳人员都要协助其将上月所有凭证配以封面、封底和包角纸，进行规范化集中装订，并在凭证封面上注明日期和凭证张数，在装订人签字处签名。这个过程就是会计凭证的装订。

一、会计凭证的整理与装订方法

1. 会计凭证的种类

会计凭证可以分为原始凭证和记账凭证两种，具体如图 4-1 所示。

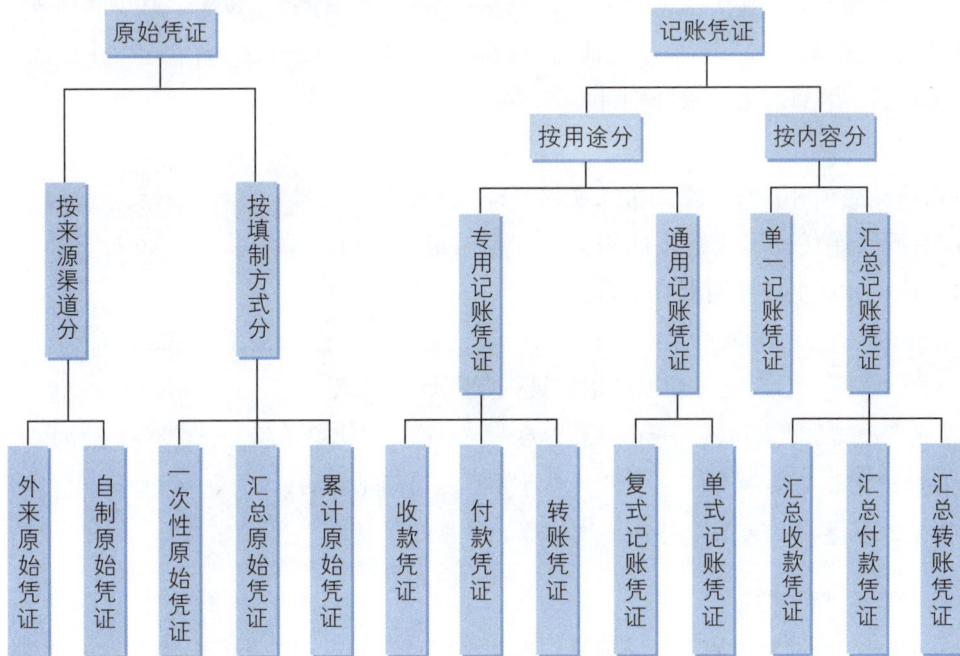

▲ 图 4-1　会计凭证的种类

2. 会计凭证的整理

在会计凭证装订前，要先对会计凭证进行整理。整理的过程包括对所附原始凭证的排序、粘贴和折叠。

（1）原始凭证的整理

利用原始凭证粘贴单（图 4-2）汇总、归类原始凭证后，附于记账凭证之后，并与记账凭证一起装订成册，以备查询。

① 对于纸张面积大于记账凭证的原始凭证，可按记账凭证的面积尺寸，先自右向后，再自下向后两次折叠。

② 对于纸张面积过小的原始凭证，一般不能直接装订，可先按一定次序和类别排列，再粘在一张同记账凭证尺寸相同的白纸上，粘贴时宜用胶水。如图 4-3 所示。

▲ 图 4-2   原始凭证粘贴单

▲ 图 4-3   多张原始凭证的粘贴

③ 对于纸张面积略小于记账凭证的原始凭证，可不直接用胶水粘贴，先用曲别针别在记账凭证后面，装订时再抽去曲别针。

⚠注意

粘贴原始凭证时，应将左上角或左侧留出部分空白，以便装订后可以展开查阅。

④ 有的原始凭证不仅纸张面积大，而且数量多，可以单独装订，如工资单、领料单等，但在记账凭证上应注明保管地点。

🔗知识链接

原始凭证张数的计数方法

多张车、船票据，过路费等小票粘贴后，在记账凭证上附单据，一般有两种计算方法：

① 将若干张小票加上报销单据共同计算作为原始单据的张数。

② 将报销单据作为一个整体，这时原始单据的张数写 1 张即可。

（2）记账凭证的整理

会计凭证在经过上述加工、整理后，按照记账凭证的种类先进行分类。对同类别的记账凭证再按照时间先后排序整理。以上做法有利于日后的对账与查阅。为了保证凭证装订的牢固性，通常将凭证的厚度控制在 20 mm 左右。

💡小提示

如果凭证较少，可以一个月装订一本。如果一个月内凭证数量较多，可分装成若干册，但必须在凭证的封面上注明本月总计的凭证册数和本册数。

3. 会计凭证的装订

会计凭证整理后，以科目汇总表为单位，一般以一张科目汇总表和所附的记账凭证、原始凭证装订成一册。若凭证较少，也可以将几张科目汇总表和相关的记账凭证、原始凭证装订成一册。每册凭证应当编制一个序号。当月登记的凭证，不得跨月装订。

一般常用的装订工具有：装订机、线绳、大针（用于引线）、长的凭证夹。装订步骤如下：

（1）使用装订机打孔

装订机的外观如图 4-4 所示。打孔的方法如下：

▲ 图 4-4   装订机

①将整理好的凭证放在装订机的打孔处。需打孔的凭证一定要压紧，避免打歪。

②压紧凭证后，右手向下扳动装订机上部操作杆，在凭证左上角部位钻出两个针孔（孔距约 10 mm）。

小提示

装订时要尽可能缩小所占的区域面积，使记账凭证及其附件保持尽可能大的显露面，方便日后查阅。

（2）装订方法——顶齐法

①加具封面。会计凭证装订封面的大小应根据记账凭证的大小来确定，一般要大于记账凭证。将凭证封面和封底从中间分开，需装订凭证的上面放封面，下面放封底。

②加具包角纸。在凭证封面上放置一张包角用的牛皮纸（可以是 1/2 张的封面或封底）。沿凭证左侧和上侧方向将凭证对齐，随后用两个凭证夹夹紧。

③画分角线。用铅笔在包角纸的左上角画一条约 45° 的分角线。

④确定装订线眼。有下列两种确定装订线眼的方法：

a. 用铅笔在距左上角顶端 2～4 cm 范围内的分角线上选一个点，在这一点的两侧选两个装订线孔。两个装订线孔与分角线上的点成一条直线，且到分角线的距离基本相等。但两孔距离不宜太近。如图 4-5 所示。

b. 用铅笔在距左上角顶端 2～4 cm 范围内的分角线上选两个装订线孔。两孔距离不宜太近。如图 4-6 所示。

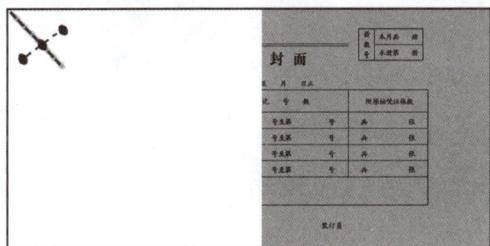

▲ 图 4-5　确定装订线眼（1）

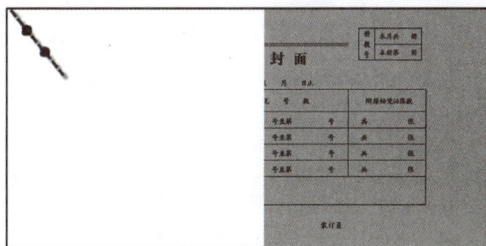

▲ 图 4-6　确定装订线眼（2）

⑤缝制凭证。缝制时使用长约 100 mm 的装订线（一般使用棉线），用针牵着线自凭证的正面分别穿过两孔。多余的尾线在 10 mm 以内处剪断，并在背面打结。接头应尽量小，避免贴好封面后有凸起。最后将线尾塞入封皮的内侧。如图 4-7 所示。

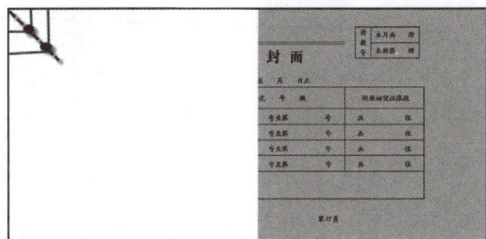

（a）缝制凭证（1）

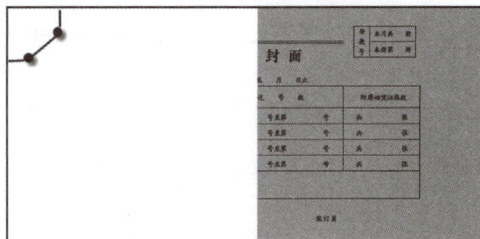

（b）缝制凭证（2）

▲ 图 4-7　缝制凭证

⑥ 制作包角。将包角用的牛皮纸沿左上角向后折，使凭证与包角纸互相垂直。裁去多余的包角纸后，将剩余的包角纸折向背面，用胶水粘好。如图 4-8 所示。

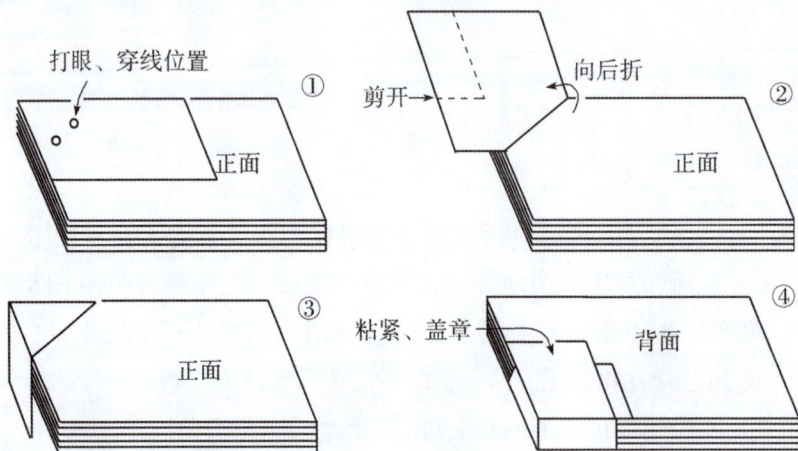

▲ 图 4-8　制作包角

!注意

　　装订时，包角纸一定要与封皮、凭证一起装订，否则起不到封条的作用。

　　⑦封面注释。如图 4-9 所示。

　　a. 注明单位名称、年度、月份和起讫日期、本月共几册、本册为第几册、起讫号码、凭证种类等。

　　b. 加盖财务负责人和装订人的印章，以明确责任。

　　c. 在装订线封签处加盖单位财务印章和装订人签章。

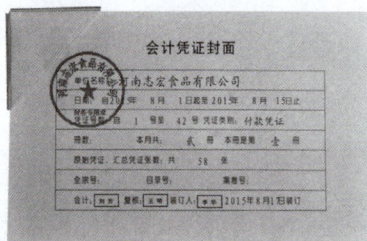

▲ 图 4-9　会计凭证封面注释

案例

　　某股份有限公司财务部门在整理装订 2015 年 3 月份会计凭证。整理装订后，记账凭证共 1 册，其中有 28 张记账凭证。请问：如何填制该会计凭证的封面呢？

◆分析

　　会计凭证的封面应注明单位名称、年度、月份和起讫日期、本月共几册、本册为第几册、起讫号码、凭证种类等。加盖财务负责人和装订人的印章，以明确责任。在封面上填写好编号，可在凭证的侧面再进行标注，写明 ×× 年 ×× 月转（收、付）字第 × 本，以便日后调阅。

二、会计凭证的归档与保管

　　会计凭证装订成册后，应由专人负责保管。年终，会计凭证移交财务档案室保管 1 年。期满后，由财务部门编制清册移交单位的档案部门保管。

!注意

如果单位未设立档案机构，应在会计机构内部指定专人保管。出纳人员不得兼管会计档案。

案例

张出纳装订完一本凭证后发现遗漏了一张。虽然她知道应该补进去，但觉得太麻烦，就将掉落的凭证夹进已装订好的凭证中。林会计看见后，立刻要求她把凭证拆开重新装订。

有人说："应该这样做，会计凭证要保存 30 年。"

有人说："财务人员需要耐心和细心，不能怕麻烦，必须重新装订。"

请问：怎样的做法才是正确的呢？

◆分析

当发现漏装会计凭证时，出纳人员应重新装订。但由于需要将已装订的凭证拆开，为了避免日后检查时发生误会，张出纳还应当另写一份说明，由会计和主管领导签字后，装订在凭证首页。

交接后的会计档案，要求存放时防水、防火、防尘，并做到按序排放。档案之间既要留有适当空间以便借阅，又要保证会计凭证不散失。保管会计凭证应做到以下三点：

① 会计凭证应加贴封条，防止抽换凭证。

② 原始凭证不得外借。其他单位如有特殊原因需要使用原始凭证，经本单位会计机构负责人、会计主管人员批准，可以复印。向外单位提供原始凭证复印件时，应在专设的登记簿上登记，并由提供人员和收取人员共同签名、盖章。

③ 对会计凭证要严格遵守保密制度，保证其安全性。

会计凭证的保管期限和销毁手续，必须严格按照会计制度的有关规定执行。一般会计凭证至少保存 30 年。当会计凭证保存期满需要销毁时，必须开列清单，按照规定的手续报经批准后方可销毁。任何单位都不能随意自行销毁会计凭证。

例 多选：会计凭证归档保管的主要方法和要求有（　　　）。

A. 会计凭证应定期装订成册，防止散失

B. 会计凭证的封面应注明单位的名称、凭证种类、凭证张数等有关事项，会计主管和保管人员应该在封面上签章

C. 会计凭证应加贴封条，防止抽换凭证

D. 年终时，会计凭证应移交给本单位档案机构统一保管，出纳不得兼管会计档案

提示　考查会计凭证整理后的保管方法和要求。需要清楚地了解会计凭证的保存地点、时间及保存时的注意事项。

探导2 发票的管理

情景导入

发票是指单位在购销商品，提供或接受服务，以及从事其他经营活动时，开具、收取的收、付款凭证。出纳人员日常工作中经常接触发票，所以要学会管理发票。

一、发票的种类

发票包括普通发票、增值税专用发票和专业发票。

1. 普通发票

普通发票由行业发票和专用发票组成。前者适用于某种行业和经营业务，如商业零售统一发票、商业批发统一发票、工业企业产品销售统一发票等；后者仅适用于某一经营项目，如广告费用结算发票、商品房销售发票等。普通发票的主要使用者包括餐饮业、服务业、广告业等。

普通发票共三联：第一联为存根联，开票方留存备查用；第二联为发票联，收执方作为付款或收款的原始凭证；第三联为记账联，开票方作为记账原始凭证。如图 4-10 所示。

▲ 图 4-10　普通发票

·꙰知识链接·

普通发票代码的内容、编制规则及启用时间

为方便全国普通发票统一识别和查询，从 2004 年 7 月 1 日起，全国统一启用 12 位分类代码和 8 位发票号码的普通发票。普通发票代码从左至右按照下列顺序编制：第 1 位是国地税代码，第 2~5 位是行政区域代码，第 6、7 位是年份代码，第 8 位是行业代码，第 9~12 位是发票种类代码。

2. 增值税专用发票

增值税专用发票用于纳税人销售或提供增值税应税项目。它是我国实施新税制的产物，是国家税务部门根据增值税征收管理需要而设定的。如图 4-11 所示。

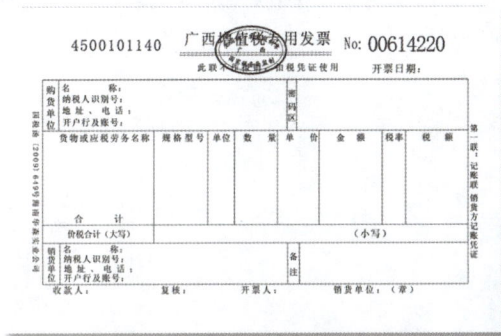

▲ 图 4-11　增值税专用发票

·꙰知识链接·

如何开具红字专用发票

一般纳税人开具增值税专用发票或货物运输业增值税专用发票（以下简称专用发票）后，发生销货退回、开票有误、应税服务中止以及发票抵扣联、发票联均无法认证等情形但不符合作废条件，或者发生销货部分退回、销售折让等情况，需要开具红字专用发票的，应区别以下情况处理：

1.专用发票已交付购买方

购买方在增值税发票系统升级版中填开并上传"开具红字增值税专用发票信息表"或"开具红字货物运输业增值税专用发票信息表"（以下简称"信息表"）。"信息表"所对应的蓝字专用发票应经税务机关认证（所购货物或服务不属于增值税扣税项目范围的除外）。

① 认证结果为"认证相符"。若已经抵扣增值税进项税额，则购买方在填开"信息表"时不填写相对应的蓝字专用发票信息，应暂依"信息表"所列增值税税额从当期进项税额中转出。若未抵扣增值税进项税额，则可列入当期进项税额，待取得销售方开具的红字专用发票后，与"信息表"一并作为记账凭证。

② 认证结果为"无法认证""纳税人识别号认证不符""专用发票代码、号码认证不符"，以及"所购货物或服务不属于增值税扣税项目范围"等，购买方不列入进项税额，不作当期进项税额转出，填开"信息表"时应填写相对应的蓝字专用发票信息。

2.专用发票尚未交付购买方或者购买方拒收

销售方应于专用发票认证期限内在增值税发票系统升级版中填开并上传"信息表"。

3.专业发票

专业发票是指国有金融、保险单位的存货、汇兑、转账凭证、保险凭证，国有邮政、电信单位的邮票、邮单、电报收据等。如图 4-12 所示。专业发票的主要使用者包括铁路部门、公路系统、银行、医院及行政事业单位等。

（a）行政事业性发票　　　　　　　　　（b）通讯发票

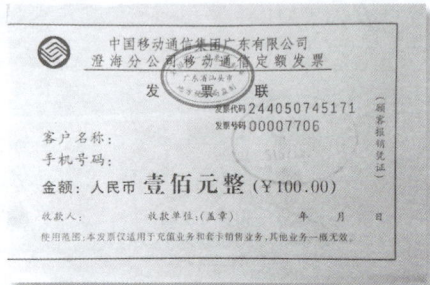

▲ 图 4-12　常见专业发票

二、发票领购的程序

1.初次购买发票

（1）初次购票需携带的材料

① 公章、财务章的印模原件一份用于备案。

② "领购普通发票（国际机打发票）申请确认表"原件，一式四份，由申请领购国际税

控发票的纳税人提交。

③"领购普通发票（定额和非国际机打发票）申请确认表"原件，一式四份，由申请领购非国际税控发票的纳税人提交。

❶注意

提交的相关资料均需要原件和复印件，以备主管税务机关相关人员审核。

（2）初次购票流程（图 4-13）

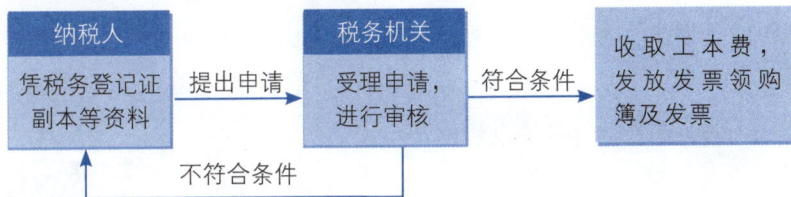

```
纳税人                       税务机关
凭税务登记证   提出申请    受理申请，    符合条件    收取工本费，
副本等资料    ─────→    进行审核     ─────→    发放发票领购
                                               簿及发票

            不符合条件
```

▲ 图 4-13   初次申购发票流程

经验谈

单位的办税人员应持自己的身份证、照片等资料到税务机关办理办税员证。在购买发票时，需携带并出示该证件。如果未办理该证件，也可以用法人身份证及加盖公章、财务章的购买发票委托书替代，但操作麻烦。所以办税人员在办税之前最好先办理好办税员证并随身携带。单位如果更换办税人员，也需要到主管部门办理变更。新增办税人员同样应办理办税员证。

（3）认购税控装置

纳税人经审核被批准后，根据主管税务机关对其核准并签字盖章后的"领购普通发票（国际机打发票）申请确认表"和"领购普通发票（定额和非国际机打发票）申请确认表"中的内容认购税控装置。税务服务商收到纳税人递交的两份确认表后，凭此为纳税人提供税控装置产品，办理税控初始化，进行上门安装以及日后的维护保养。

（4）领购发票读入流程

纳税人在认购发票后，需要对 IC 卡中的空白发票信息进行读入。税控机中发票读入的操作过程如图 4-14 所示。

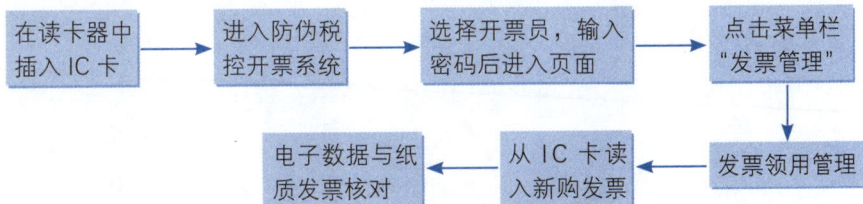

```
在读卡器中  ──→  进入防伪税  ──→  选择开票员，输入  ──→  点击菜单栏
插入 IC 卡        控开票系统        密码后进入页面          "发票管理"
                                                              │
                                                              ↓
电子数据与纸  ←──  从 IC 卡读  ←──  发票领用管理
质发票核对        入新购发票
```

▲ 图 4-14   领购发票读入流程

❶注意

数据读入后，所购发票的电子信息与纸质发票要进行核对，确保纸质发票与防伪税控系统中的电子发票号码、数量保持一致。

2. 续购发票

为保证发票使用的连续性，在单位的发票用完前，应及时到主管税务机关购买新发票。购买新发票时应携带以下资料：

①《税务登记证》副本。

② 公章或财务章。

③ 领购国际税控发票的单位需要携带税控用户卡。

④ 上次购票的票据工本费收据，又称"绿联"（第三联）。

在去税务机关办理业务前，应先在本单位用税控装置写卡。续购发票流程如图 4-15 所示。

提交领购发票相关材料 → 发票核销窗口办理旧票查验 → 交纳发票工本费 → 发票领购窗口购票

▲ 图 4-15　续购发票流程

❗注意

增值税专用发票实行的是验旧购新、限量供应、限期使用、超期缴销，最高开票限额的管理办法。已办理税务登记的纳税人若需要使用发票，应向税务机关申请领购发票。

三、发票的领取与填开

1. 发票的领取

每个单位都应设置专人负责管理空白发票和发票存根。出纳人员领用发票时，需办理发票领用手续，填写发票领用单，经有关领导签字批准后，按顺序领用发票。发票保管人员在"发票开具清单"（表 4-1）上做详细记录，包括登记领取的本数以及具体的发票编号。核对无误后，出纳人员在"发票开具清单"上签字。

表 4-1　发票开具清单

号码	开具日期	付款单位	开具金额	经手人	收款日期	废票、退票、错票	备注

2. 普通发票的填开规定

① 发票只限于用票单位和个人填开使用，不得转借、转让、代开发票。未经国家机关批准不得拆本使用发票。

② 单位和个人只能使用国家税务机关批准印制或购买的发票，不得用"白条"或其他票据代替发票，也不得自行扩大专用发票的使用范围。

③ 发票只允许在领购发票所在地填开，不准携带到外县（市）使用。在外县（市）从事经营活动，需要填开普通发票时，单位按规定可到经营地国家税务机关申请购买发票或申请填开。

④ 凡销售商品、提供服务以及从事其他经营业务活动的单位和个人，如果对外发生经营业务，或收取款项，那么收款方应如实向付款方填开发票。但对收购单位和扣缴义务人支付个人款项时，可按规定由付款单位向收款个人填开发票。若向消费者个人零售小额商品或提供零星劳务服务，可以不逐笔填开发票，但应逐日记账。

⑤ 使用发票的单位和个人必须在实现经营收入或发生纳税义务时填开发票。未发生经营业务一律不准填开发票。

⑥ 单位和个人填开发票时必须按照规定的时限、号码顺序填开，填写时做到项目齐全、内容真实、字迹清楚，全份一次复写，各联内容完全一致，并加盖单位财务印章或发票专用章。填开发票可以使用中文，也可以使用中、外两种文字。

⑦ 填开发票后发生销货退回或销售折让时，在收回原发票或取得对方国家税务机关的有效证明后，方可填开红字发票。用票单位和个人若填错发票，应在发票上书写或加盖"作废"字样，完整保存各联备查。

案例

A 企业在外地完成了一项工程项目。为了收回工程款项，A 企业在本地（企业所在地）开具发票后交予付款方。请问：A 企业的做法正确吗？

◆分析

发票只允许在领购发票所在地填开，不准携带到外县（市）使用。所以 A 企业在外地使用企业所在地开具的发票这种做法不正确。A 企业为收回工程款而开具的发票，应该到该工程所在地的国家税务机关申请填开。

3. 增值税专用发票的填开规定

一般纳税人填开增值税专用发票，除了遵守上述规定，还有一些特殊的填开要求。

（1）不得开具增值税专用发票的情况

① 向消费者销售应税项目。

② 销售免税项目。

③ 销售报关出口的货物，在境外销售应税劳务。

④ 将货物用于非应税项目。

⑤ 将货物用于集体福利或个人消费。

⑥ 将货物无偿赠送他人。

⑦ 向小规模纳税人销售应税项目。

（2）按规定时限开具增值税专用发票（表 4-2）

表 4-2 开具增值税专用发票的时限规定

业务内容	填开时限
采用预收货款、托收承付、委托银行收款的结算方式	货物发出的当天
采用交款提货的结算方式	收到货款的当天
采用赊销、分期付款的结算方式	合同约定的收款日期的当天
将货物交付他人代销	收到受托人送交的代销清单的当天
设有两个以上机构且实行统一核算的纳税人，将货物从一个机构移送其他机构用于销售，并按规定需征收增值税	货物移送的当天
将货物作为投资提供给其他单位或个人经营	
将货物分配给股东	

!注意

开具增值税发票时要注意，进入系统界面后，输入数量、单价时，系统默认的单价是不含税价格，开票人员应注意含税价格与不含税价格的转换。

（3）增值税专用发票开具后特殊情况的处理

销售货物并向购买方开具增值税专用发票后，如发生退货或销售折让，应视不同情况分别按以下规定办理：

① 购买方在未付货款、未做账务处理时，应按如图 4-16 所示的流程处理。

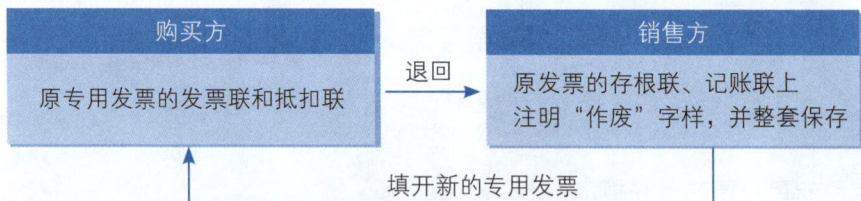

购买方		销售方
原专用发票的发票联和抵扣联	退回 →	原发票的存根联、记账联上注明"作废"字样，并整套保存
	填开新的专用发票	

▲ 图 4-16 专用发票发生变化的处理流程（1）

② 购买方已付款，或者货款未付但已做账务处理，专用发票联及抵扣联无法退还时，应按如图 4-17 所示流程处理。

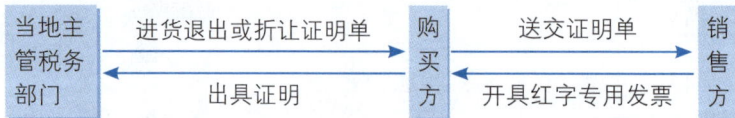

当地主管税务部门 — 进货退出或折让证明单 → 购买方 — 送交证明单 → 销售方
当地主管税务部门 ← 出具证明 — 购买方 ← 开具红字专用发票 — 销售方

▲ 图 4-17 专用发票发生变化的处理流程（2）

经验谈

购买方由税务机关出具的证明单是销售方开具红字专用发票的合法依据，销售方在未收到证明单以前，不得开具红字专用发票。

红字专用发票的存根联和记账联是销售方扣减当期销项税额的凭证，发票联和抵扣联是购买方扣减当期进项税额的凭证。购买方收到红字专用发票后，应将红字专用发票所注明的增值税从当期进项税额中扣减，如不扣减，造成不纳税或少纳税的行为属于偷税行为。

例　多选：下列行为不得开具增值税专用发票的有（　　　）。

A.向消费者销售应税项目　　　　B.销售免税项目

C.将货物用于非应税项目　　　　D.在境外销售应税劳务

E.销售报关出口的货物

提示　考查纳税人不允许填开增值税专用发票的情形。

四、发票的保管

1.保管发票的基本规定

① 建立发票保管制度，设置发票登记簿，指派专人负责妥善保管发票，不得丢失。

② 开具发票的单位和个人应在办理变更或者注销税务登记的同时，办理发票和发票领购簿的变更、缴销手续。

③ 开具发票的单位和个人应当按照税务机关的规定存放和管理发票，不得擅自损毁。

《中华人民共和国发票管理办法》第二十九条规定："开具发票的单位和个人应当按照税务机关的规定存放和保管发票，不得擅自损毁。已经开具的发票存根联和发票登记簿，应当保存 5 年。保存期满，报经税务机关查验后销毁。"

④ 填写错误的发票应完整保管其各联，不得私自销毁。作废的发票加盖"作废"专用章，各联要连同存根联一并保管，不得撕毁、丢失。

案例

企某企业出纳王某在帮助主管会计杨某整理会计凭证时发现许多十几年前的发票登记簿和发票存根。王某询问杨某对这些发票登记簿和发票存根该如何处理。杨某说可以销毁。请问：5年期满的发票存根联想要销毁需要办理什么手续？

◆分析

要求销毁五年期满的发票存根联应向主管税务机关报送"发票存根联销毁申请审批表"和下列附送资料：①存根联清单；②纳税人书面申请报告。3个工作日内审批同意后由税收管理员监督销毁。

2.发票丢失、被盗的处理方法

纳税人发生丢失、被盗增值税专用发票或普通发票时，应立即书面报告主管国家税务机关，在税务机关"文书受理"窗口领取并填写"纳税人发票挂失声明申请审批表""丢失、被盗发票清单""《增值税专用发票遗失声明》刊出登记表"，如图 4-18、图 4-19 所示。

纳税人发票挂失声明申请审批表

纳税人识别号：☐☐☐☐☐☐☐☐☐☐☐☐☐☐☐☐☐

纳税人名称：

	发票名称	发票代码	份数	发票号码		其中：空白发票		
				起始号码	终止号码	份数	起始号码	终止号码
发票丢失、被盗情况								

丢失、被盗原因：

（签章）

法定代表人（负责人）：　　　　　　　　　办税人员：　　　　　　年　　月　　日

主管税务机关发票管理环节意见：	上级税务机关发票管理环节意见：
（公章）	（公章）
负责人：	负责人：
经办人：　　　　　年　　月　　日	经办人：　　　　　年　　月　　日

注：一式四份，基层、上级税务机关发票管理环节、报社、纳税人各一份。

▲ 图 4-18　纳税人发票挂失声明申请审批表

《填值税专用发票遗失声明》刊出登记表

请按下列表格填写清楚

刊出内容					
地　　址					
联系电话		邮政编码		联系人	

申请刊出单位（盖章）

年　　月　　日

主管税务机关名称					
地　　址					
联系电话		邮政编码		联系人	

主管税务机关（公章）

年　　月　　日

注：1. 刊出内容：纳税人名称、纳税人识别号、遗失发票份数、发票起止号码、是否加盖财务章或发票章、备注等。
　　2. 本表一式三份，一份纳税人留存，一份税务机关留存，一份报社留存。

图 4-19　《增值税专用发票遗失声明》刊出登记表

如果单位的发票丢失、被盗，财务人员要及时处理。具体的处理流程如图 4-20 所示。

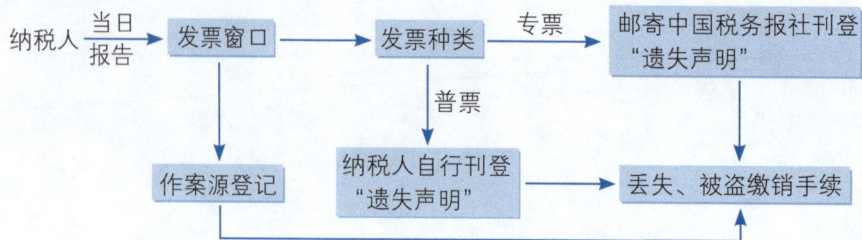

▲ 图 4-20　发票丢失、被盗处理流程

例　单位遗失发票后只需要向税务机关进行口头说明，并通过电台、电视台或报纸等新闻媒体刊登遗失启事，声明发票作废即可。上述说法正确吗？为什么？

分析　单位若遗失发票，应于发现遗失发票的当天向主管税务机关递交书面报告，同时通过电台、电视台或报纸等新闻媒体刊登遗失启事，声明发票作废。

五、发票的缴销

纳税人应根据不同的原因，相应地办理缴销或收缴发票：

① 用票单位和个人超过规定的使用期限而未使用的发票，由发票管理部门将其发票剪口作废，并填写发票缴销登记表。

② 用票单位和个人发生合并、联营、分设、迁移、废业时，其已领购而未使用的发票，先由用票单位和个人提出申请，按税务登记程序处理，再由发票管理部门将其发票剪口作废，并填写发票缴销登记表，收回发票领购簿。

③ 用票单位和个人因某种原因暂时停业或歇业，按停复业登记程序处理。

④ 用票单位和个人有严重违反税务管理和发票管理的行为，按规定程序进行处理后，将收缴或暂收缴的发票交由发票管理部门进行处理，并填写收缴或暂收缴发票登记表。

经验谈

跨年度发票如何报销

会计上可以列支，但不能超过一年。如 2015 年 9 月份的发票不能在 2016 年列支，只能在 2015 年列支。《中华人民共和国企业所得税法实施条例》第九条规定："企业应纳税所得额的计算，以权责发生制为原则，属于当期的收入和费用，不论款项是否收付，均作为当期的收入和费用；不属于当期的收入和费用，即使款项已经在当期收付，均不作为当期的收入和费用。本条例和国务院财政、税务主管部门另有规定的除外。"

例　多选：下列发票需要缴销的有（　　　）。

A.用票单位和个人超过规定的使用期限而未使用的发票

B.用票单位和个人因某种原因暂时停业或歇业的

C.用票单位和个人有严重违反税务管理和发票管理行为的

D.单位里所有未使用的发票在每年年末都应进行缴销

提示　考查发票在哪些情况下需要缴销。

六、发票的代开

代开发票，是指税务机关根据收款方（或提供劳务服务方）的申请，依照税收法律、规章以及其他规范性文件的规定，代为向付款方（或接受劳务服务方）开具发票的行为。

想一想

已经办理税务登记的单位和个人，应按规定向主管税务机关申请领购并开具与经营业务范围相应的普通发票，但是，遇到哪些情况需要到税务机关申请代开发票呢？

1.申请代开发票的范围

①纳税人虽已领购发票，但临时取得超出领购发票使用范围或超过领用发票开具限额以外的业务收入而需要开具发票时，可以向主管税务机关申请代开普通发票。

②被税务机关依法收缴发票或者停止发售发票的纳税人，取得经营收入而需要开具发票时，可以向主管税务机关申请代开普通发票。

③外省（自治区、直辖市）纳税人来本辖区临时从事经营活动的，原则上应按照《税务登记管理办法》的规定，持"外出经营活动税收管理证明"，向经营地税务机关办理报验登记，领取发票自行开具；确因业务量小、开票频度低的，可以申请经营地税务机关代开发票。

④正在申请办理税务登记的单位和个人，对其自领取营业执照之日起至取得税务登记证件期间发生的业务收入需要开具发票的，主管税务机关可以为其代开发票。

⑤应办理税务登记而未办理的单位和个人，主管税务机关应当依法予以处理，并在补办税务登记手续后，对其自领取营业执照之日起至取得税务登记证件期间发生的业务收入需要开具发票的，为其代开发票。

⑥依法不需要办理税务登记的单位和个人，对临时取得的收入需要开具发票的，主管税务机关可以为其代开发票。

⑦从事生产经营而未办理工商营业执照，也未经有关部门批准设立的无证户纳税人，可以向税务机关申请代开普通发票，并按照规定纳税。

2. 申请代开发票需准备的材料

（1）申请代开普通发票需准备的材料

临时从事生产经营活动的纳税人，发生属增值税、消费税应税项目的业务，可向所在地国税机关申请代开普通发票，并按规定缴纳税款和发票工本费。

申请代开普通发票时，需提供以下证件、资料，如图 4-21 所示。

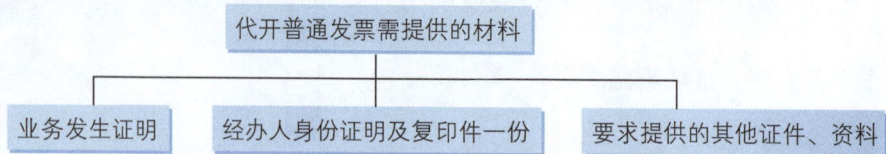

▲ 图 4-21　代开普通发票需提供的材料

（2）申请代开增值税专用发票需准备的材料

增值税小规模纳税人需要代开增值税专用发票时，可向主管国税机关领取、填写"代（监）开增值税专用发票申请审批表"，并按规定缴纳税款和发票工本费。

申请代开增值税专用发票时，需提供以下证件、资料，如图 4-22 所示。

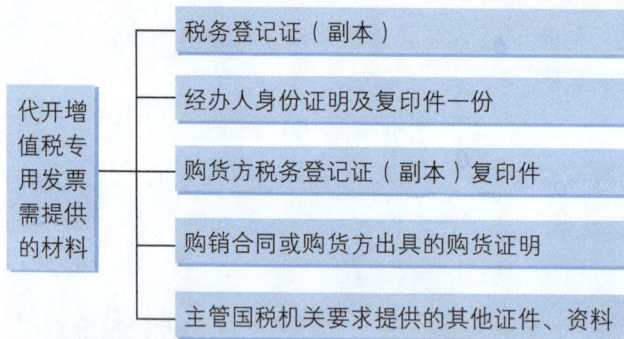

▲ 图 4-22　代开增值税专用发票需提供的材料

💧**注意**

如果使用现金缴税，在缴纳税款后，税务机关会按填写的审批表上的金额开具缴款书，据此去银行缴纳完增值税后，带着税票再到税务机关开具增值税发票。

3. 填制代开发票申请审批表

"代开发票申请审批表"如图 4-23 所示。如果一般纳税人代开发票，还需填制"代开增值税专用发票缴纳税款申报表"，如图 4-24 所示。

代开发票申请审批表

纳税人识别号：☐☐☐☐☐☐☐☐☐☐☐☐☐☐☐☐☐☐☐☐

纳税人名称：　　　　　　　　开票类别：　　　　　　　编号：

货物或应税劳务名称	单位	数量	单价	金额	税率（征收率）	税　额

价税合计（大写金额）			
付款方纳税人名称		联系电话	
付款方地址		开户银行及账号	
付款方纳税人识别号			

申请理由：

（签 章）

经办人：　　　　　　年　月　日

主管税务机关意见：

经办人：　　　　　　　负责人：　　　　　　　税务机关（签章）

　年　月　　　　　　　年　月　日　　　　　　年　月　日

代开发票种类：

代开发票名称：

代开发票号码：

税票号码：

经办人：　　　　　　　　　　　　代开发票日期：

注：本表一式两份，一份审批部门留存，一份留代开档案。

▲ 图 4-23　代开发票申请审批表

代开增值税专用发票缴纳税款申报表

代开税务机关名称： 编号：

我单位提供的开票资料真实、完整、准确，符合有关法律、法规，否则我单位将承担一切法律责任。现申请代开增值税专用发票。

填开日期： 年 月 日

购货单位	名 称			税务登记号			
	地址、电话			开户银行及账号			
货物或应税劳务名称	规格型号	计量单位	数量	单价	金额	征收率	税额
价税合计（大写）			（小写）￥				
备注							
销货单位	名 称			税务登记号			
	地址、电话			开户银行及账号			

税源监控岗位（意见）：	税务机关代开发票岗位 发票代码： 发票号码： 代开人（签字） 审核人： 年 月 日	经核对，所开发票与申报单内容一致。 申请人单位经办人（签字）： 年 月 日
审核人： 年 月 日		

申请代开发票单位（章） 法人代表（签字）
财务负责人（签字） 填写人（签字）
注：本表一式三份，代开发票岗位一份、税源监控岗位一份、纳税人一份。

▲ 图 4-24　代开增值税专用发票缴纳税款申报表

4. 代开发票的流程（图 4-25）

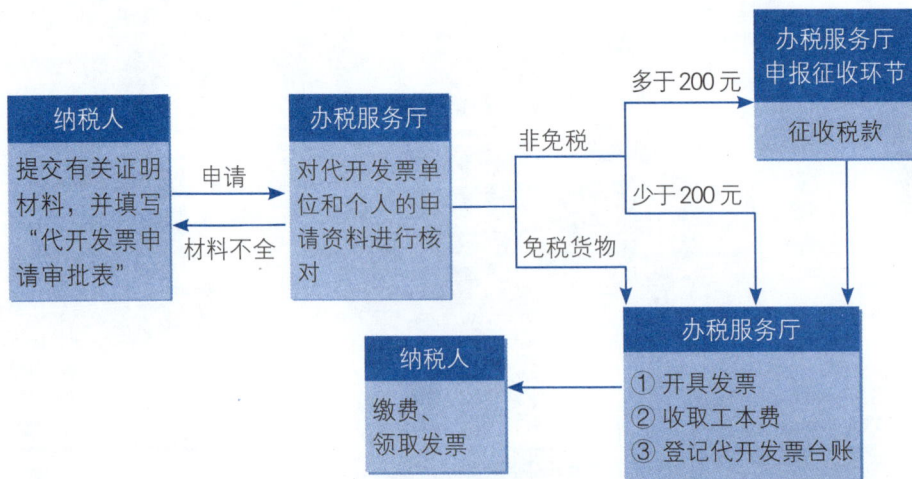

▲ 图 4-25　代开发票的流程

七、违反发票管理规定的处罚

为了维护国家利益，保证发票管理工作的顺利开展，保护合法经营者的利益，国家制定了严格的法律法规。违反发票管理规定的，税务机关有权依据《中华人民共和国发票管理办法》对其进行处罚。具体处理情况如下：

① 使用发票的单位和个人在未经地方税务机关批准的情况下，私自委托单位印制发票，应依法予以查封、扣押或销毁私印的发票、发票监制章、发票防伪纸，没收非法所得，并处 3 万元以上 5 万元以下罚款。

② 使用发票的单位和个人自行印制发票，应依法予以查封、扣押或销毁私印的发票、发票监制章、发票防伪纸和其他作案工具，没收非法所得，并处 5 万元以下罚款。

③ 向地方税务机关以外的单位和个人购买发票，若购买零散发票，每购买 1 份发票处 100 元罚款。若购买整本发票，根据发票的本数和份数，处 5 000 元以上 1 万元以下罚款。

④ 向他人提供发票或借用他人发票，若提供或借用零散发票，每提供或借用 1 份发票，处 100 元罚款。若提供或借用整本发票，根据发票的本数和份数，处 5 000 元以上 1 万元以下罚款。

⑤ 若单联填开发票或上下联金额等内容不一致，处每份发票 100 元以上 2 000 元以下罚款。

案例

> 某股份有限公司出纳人员在开具手写发票时，按照客户需求填写发票联，而记账联和存根联按照实际发生额单填。请问：这种做法是否符合相关规定？请说明原因。

◆分析

出纳人员的做法不符合规定。根据相关管理规定，单联填开及上下联金额、内容不一致时会受到相应处罚。开具发票时，出纳人员应按照实际发生的经济业务开具发票，全部联次一次复写、打印，内容完全一致。

⑥ 填开发票所列项目不齐全、内容不准确，处每份发票 50 元以上 2 000 元以下罚款。

⑦ 若转借、转让、代开发票，应收缴其发票，并处每份发票 100 元以上 2 000 元以下罚款。

⑧ 未经税务机关批准拆本使用发票，应责令其限期改正，并处 200 元以上 1 000 元以下罚款。

⑨ 若开具票物不符的发票，处每份发票 100 元以上 500 元以下罚款。

案例

　　某股份有限公司为完成"创收"任务，上级领导指示出纳在没有人购买货物的情况下，捏造购货单位负责人，开具了一张金额为 60 000 元的发票。请问：这种做法是否符合相关规定？请说明原因。

◆分析

　　该股份有限公司的做法不符合规定。根据相关管理规定，上述做法属于擅自填开发票入账，会受到相应处罚。该股份有限公司应按照实际销货数量、金额等开具发票，不应虚开发票，做假账。

　　⑩ 以其他交易或白条代替发票开具，处每份（张）发票 200 元以上 2 000 元以下罚款。

　　⑪ 开具作废发票，处每份发票 200 元以上 2 000 元以下罚款。

案例

　　由于发票数量不够，某股份有限公司出纳人员在开具发票时，使用已登记的作废发票来开具。请问：这种做法是否符合相关规定？请说明原因。

◆分析

　　出纳人员的做法不符合规定。根据相关管理规定，上述出纳的行为属于填开作废发票，会受到相应处罚。发票使用完时，必须及时到主管税务局购买新发票以保证正常开票。

　　⑫ 扩大发票开具范围，处每份发票 200 元以上 2 000 元以下罚款。

　　⑬ 未经地方税务机关批准，跨规定的使用区域开具发票，应收缴其使用的发票，并处每份发票 100 元的罚款后，转交该发票管理的税务机关查处。

　　⑭ 使用发票的单位和个人，若丢失发票，应于丢失发票当日书面报告主管税务机关，并在报刊、电视等传播媒体上公开声明作废，并视其情节轻重，处每丢失一份发票 100 元以上 500 元以下罚款。

案例

　　某股份有限公司出纳人员由于工作不慎，将已开具的一张发票的存根联丢失，且没有做任何补救措施。请问：他的做法是否符合相关规定？请说明原因。

◆分析

　　出纳人员的做法不符合规定。根据相关管理规定，该出纳的行为属于丢失或擅自销毁发票存根联，同时，《中华人民共和国发票管理办法》规定："已经开具的发票存根联和发票登记簿，应当保存5年。保存期满，报经税务机关查验后销毁。"

　　⑮ 对谎报丢失而暗地使用、转借（让）他人使用或将发票联撕下送人等违反发票管理法规的，视其情节轻重，处每份发票 1 000 元以上 5 000 元以下罚款。

⑯ 若损（撕）毁发票，包括损（撕）毁空白发票、已填开发票、已使用发票的存根联以及填开后的作废发票，视情节轻重，处每份发票 100 元以上 2 000 元以下罚款。

⑰ 未经税务机关批准，在规定的保管期限内擅自销毁已开具的发票存根联和发票登记簿，视情节轻重，处 2 000 元以上 1 万元以下罚款。

⑱ 办理变更或注销税务登记时，未按规定办理发票领购簿和发票变更、缴销手续，视情节轻重，处 2 000 元以上 1 万元以下罚款。

⑲ 使用电子计算机开具税务机关统一监制的机外发票，开具后的存根联未按照顺序号装订成册，视情节轻重，处 2 000 元以上 1 万元以下罚款。

⑳ 其他未按照规定保管发票的情况，视情节轻重，处 200 元以上 5 000 元以下罚款。

经验谈

收到假发票的处理

收款单位的业务人员可能会将假发票交给付款单位。面对这种情况，有的人认为，如果发票提供人无法更换为真票，可以请税务机关鉴别真伪，在发票上加盖鉴别章，然后由财务经办人写上说明附在发票背后作为凭证。但是，这种解决办法不完全正确。对于税务部门鉴别出来的假发票，即便财务人员写出书面说明，也不能作为记账凭证。如果确实无法换回真发票，只能交由会计人员依法进行账务处理，财务经办人还应当承担接收假发票的责任。

岗位训练

一、单选题

1. 关于会计凭证的归档保管，下列表述中错误的是（　　　　）。

　　A. 每月记账完毕，应将会计凭证按顺序号排列，装订成册

　　B. 从外单位取得的原始凭证遗失时，应由开具单位重开

　　C. 重要的原始凭证可以单独保管

　　D. 原始凭证不得外借

2. 发票是指在购销商品、提供或者接受服务以及从事其他经营活动中，开具、收取的（　　　　）。

　　A. 收款凭证　　　　B. 付款凭证　　　　C. 电子凭证　　　　D. 收付款凭证

3. （　　　　）是税务机关管理发票的法定标志。

　　A. 发票代码号码　　　　　　　　　B. 全国统一发票监制章

　　C. 发票名称　　　　　　　　　　　D. 发票专用章

4. 已经开具的发票存根联应保存（　　　　）年。

　　A. 2　　　　　　　B. 3　　　　　　　C. 5　　　　　　　D. 10

5. 采用赊销结算方式的，增值税专用发票开具的时限为（　　　　）。

　　A. 货物发出的当天　　　　　　　　B. 收到款项的当天

　　C. 合同约定的收款日期的当天　　　D. 货物移送的当天

6. 消费者在某酒店就餐结账时，酒店已打折，消费者要求酒店开具发票。酒店的正确做法是（　　　　）。

　　A. 以已经打折为由，拒开发票

　　B. 提供加盖其他酒店发票专用章的发票

　　C. 按照打折后的价款开具发票

　　D. 以保管发票的人员外出为由，向消费者开具收据

7. 某娱乐城以发票已用完为由，给消费者开具了收据。对此，税务机关应当责令其限期改正，没收非法所得，并处（　　　　）的罚款。

　　A. 2 000 元以下　　B. 2 000 元以上　　C. 1 万元以下　　　　D. 1 万元以上

8. 纳税人若虚开金额为 32 821 元的发票，对其进行的处罚为（　　　　）。

　　A. 可以处 1 万元以下的罚款　　　　B. 可以处 3 万元以下的罚款

　　C. 可以处 5 万元以下的罚款　　　　D. 可以处 7 万元以下的罚款

9. 纳税人开具发票后，如当月发生销货退回，发票的处理方法为（　　　　）。

　　A. 收回原发票并注明"作废"字样，重新开具销售发票

B. 收回原发票并注明"作废"字样，开具红字发票

C. 取得对方有效证明，开具红字发票

D. 取得对方有效证明，重新开具发票

10. 对于需要领购发票的单位和个人，税务机关需要发放发票领购簿。发放发票领购簿的时限为（　　　）。

A. 1 个工作日　　　　　　　　　　B. 3 个工作日

C. 5 个工作日　　　　　　　　　　D. 7 个工作日

二、多选题

1. 其他单位因特殊原因需要使用本单位的原始凭证，正确的做法是（　　　）。

A. 可以外借

B. 将外借的会计凭证拆封抽出

C. 不得外借，经本单位会计机构负责人或会计主管人员批准，可以复印

D. 将向外单位提供的凭证复印件在专设的登记簿上登记

2. 下列发票中，不得作为财务报销凭证的有（　　　）。

A. 应经却未经税务机关监制的发票

B. 填写项目不齐全，内容不真实，字迹不清楚的发票

C. 没有加盖财务印章或发票专用章的发票

D. 伪造、作废的发票

3. 下列行为属于未按规定取得发票的有（　　　）。

A. 某单位购买假发票，在成本中列支

B. 某单位取得发票时，要求开票方变更品名、金额

C. 某单位和运输公司（代开票纳税人）签订运输合同，并取得地税机关为运输公司开具的"公路、内河货物运输业统一发票（代开）"

D. 某单位从地税机关领购服务业发票，自行填开在成本中列支

4. 在中华人民共和国境内（　　　）发票的单位或个人，必须遵守《中华人民共和国发票管理办法》。

A. 印制　　　　　B. 领购　　　　　C. 开具和取得　　　　　D. 保管

5. 发票的领购方式有（　　　）。

A. 限期缴销　　　　B. 批量供应　　　　C. 交旧换新　　　　D. 验旧换新

6. 虚开发票行为是指（　　　）。

A. 为他人开具与实际经营业务情况不符的发票

B. 为自己开具与实际经营业务情况不符的发票

C. 介绍他人开具与实际经营业务情况不符的发票

D. 让他人为自己开具与实际经营业务情况不符的发票

7. 发票的基本联次包括（　　　　）。

　　A. 存根联　　　　　　　　B. 发票联　　　　　　　C. 记账联　　　　　　　　D. 统计联

8. 纳税人办理发票领购簿时，需提供的资料有（　　　　）。

　　A. 营业执照　　　　　　　　　　　　　B. 税务登记证

　　C. 经办人身份证等证件　　　　　　　　D. 发票专用章

9. 下列行为不得开具增值税专用发票的有（　　　　）。

　　A. 向消费者销售应税项目　　　　　　　B. 销售免税项目

　　C. 将货物用于非应税项目　　　　　　　D. 在境外销售应税劳务

　　E. 销售报送出口的货物

10. 下列发票需要进行缴销的有（　　　　）。

　　A. 用票单位和个人超过规定的使用期限而未使用的发票

　　B. 用票单位和个人因某种原因暂时停业或歇业的

　　C. 用票单位和个人有严重违反税务管理和发票管理行为的

　　D. 每年年末，用票单位所有未使用的发票

三、判断题

1. 会计凭证的传递，是指会计凭证从取得或填制时起到归档保管过程止，在单位内部有关部门和人员之间的传送程序。　　　　　　　　　　　　　　　　　　　　　　　　（　　　）

2. 会计凭证的保管是指会计凭证记账后的整理、装订、归档和存查工作。　　　（　　　）

3. 一张原始凭证所列的支出需要由几个单位共同负担时，应当由保存该原始凭证的单位将该原始凭证的复印件（分割单）交给其他应负担的单位。　　　　　　　　　　　（　　　）

4. 记账凭证所附的原始凭证数量过多，可以单独装订保管，但应在其封面及有关记账凭证上加注说明。　　　　　　　　　　　　　　　　　　　　　　　　　　　　　　（　　　）

5. 根据经营需要，纳税人可以相互转借、转让、代开发票。　　　　　　　　　（　　　）

6. 纳税人使用计算机开具发票无须经主管税务机关批准。　　　　　　　　　　（　　　）

7. 使用发票的单位和个人，若发票丢失，应在传播媒介上公开声明作废。　　　（　　　）

8. 任何发票，单位都可以报销。　　　　　　　　　　　　　　　　　　　　　（　　　）

9. 将货物用于集体和个人福利时可以开具增值税专用发票。　　　　　　　　　（　　　）

10. 税务机关可以按照国务院税务主管部门的规定委托其他单位代开发票。　　（　　　）

四、综合题

1. 请简述审核原始凭证和记账凭证的要求。

2. 甲公司（卖方）与乙公司（买方）签订了买卖合同。合同约定："验货后 10 天内付款 300 万元。"卖方按时交了货，买方也进行了验收，并验收合格。此后，买方不肯付货款，理由是要求卖方先开具正式发票，但卖方拒绝，并认为应该先付款后开发票，双方发生了争执。请问：应该先开发票还是先给钱呢？

3. **资料**：华南公司是一家批发企业（纳税人登记号：44010123456789；开户银行及账号：工商银行 6212 0226 0007 2899 330；地址：天河横街 365 号；电话：020-67854681）。

   业务：2015 年 3 月 18 日，华南公司销售纸卷 50 提，每提售价 16 元；纯点抽纸 100 包，每包售价 12 元；面巾纸 150 包，每包售价 3 元给个体户大昌商店。收到大昌商店交付的现金，并送存银行。

   要求：开具普通发票给大昌商店，并填制现金缴款单，将款项送存银行。

商品销售发票

顾客名称：　　　　　　　年　月　日　　　　　　　№ 1154697

商品编码	货品名称及规格	单位	数量	单价	金额						
					千	百	十	元	角	分
合计金额	（大写）	万	仟	佰	拾	元	角	分		

填票：　　　　　收款：　　　　　　　　　　　（盖章）

工商银行　现金缴款单

缴款单位填写	缴款单位	全　称														第一联 银行盖章后退还缴款单位
		开户行			账号											
	款 项 来 源															
	人民币（大写）				千	百	十	万	千	百	十	元	角	分		
银行确认栏	客户号（账号）：　　　币种及金额（小写）： 缴款日期：　　　　　　流水号： 本缴款单金额，业已全数收讫。 　　　　　　收款员签章					会计分录	借：_____ 贷：_____ 复核员　　记账员									
	（大写）　万　仟　佰　拾　元　角　分															

缴款人对上述银行记录确认签名

4. **资料**：华南公司（纳税人登记号：44010123456789；开户银行及账号：工商银行 6212 0226 0007 2899 330；地址：天河横街 365 号；电话：020-67854681）。

   南方食品厂（纳税人登记号：44010243567483；开户银行及账号：农业银行 19 2500 0104 0003 281；地址：芳村大道 237 号；电话：020-87882800）。

   业务：华南公司 2015 年 3 月 15 日向南方食品厂购进苏打饼干 50 箱，每箱 70 元；奶油饼干 50 箱，每箱 80 元，增值税率 17%。价税款合计收到南方食品厂的转账支票。

要求： 开具增值税专用发票，并填制进账单，将支票送存银行。

增值税专用发票
（记账联）

开票日期：　年　月　日　　　　　　　　　　　　　No

购货单位	名称		纳税人登记号	
	地址电话		开户银行及账号	

货物或应税劳务名称	计量单位	数量	单价	金额								税率%	税额							
				万	千	百	十	元	角	分			万	千	百	十	元	角	分
合计																				

价税合计	仟 佰 拾 万 仟 佰 拾 元 角 分　　　¥_____

销货单位	名称		纳税人登记号	
	地址电话		开户银行及账户	

备注	

银行进账单

　　　　　　年　月　日

出票人	全称	
	账号	
	开户银行	
金额	人民币（小写）	亿 千 百 十 万 千 百 十 元 角 分
收款人	全称	
	账号	
	开户银行	
票据种类		票据张数
票据号码		
备注：		

复核　　　记账

银行进账单 （回单） **1**

此联是开户银行交给持（出）单人的回单

　　　　　　年　月　日

出票人	全称		收款人	全称	
	账号			账号	
	开户银行			开户银行	
金额	人民币（大写）			亿 千 百 十 万 千 百 十 元 角 分
票据种类		通过武汉电子支付系统□		
票据张数		票据号码		

受理银行签章

注意：本回执不作收款证明，不作提货依据，不作账务处理，仅供查询用。

此联是开户银行交给持（出）单人的回单

偷税漏税须杜绝，查漏补缺防差错
——其他基础知识

🧑‍💼 案例导入

2015 年 8 月 15 日，某基层税务机关在实施日常税务稽查工作时发现，辖区内某私营企业自 2015 年 5 月 10 日办理工商营业执照以来，一直没有办理税务登记，也没有申报纳税。根据对该企业的财务检查情况，该企业自营业之日起至今应纳税 1 800 元。税务机关于 8 月 30 日作出下列处理决定：责令纳税人在 9 月 10 日前申报办理税务登记，处 1 000 元罚款、补缴税款、加收滞纳金，并处补缴税款一倍的罚款。

请问：税务机关的处理是否正确？为什么？

探导 1　税务登记

🧑‍💼 情景导入

　　原则上，税务工作属于会计的职责范围，但在实际工作中的分工并不明确。有的单位由于人手少，也会要求出纳人员处理税务事务。因此，出纳人员对各项税务事务的处理程序也要有所了解。

一、了解税务

　　依照国家税收法律的规定，纳税人应履行纳税义务。及时足额缴纳各项税款是纳税人享有国家提供公共产品和公共服务的前提和基础。国家征收税金，一方面监督单位经营状况，另一方面将税收进行财产再分配，以提高整个国家的经济发展水平，正所谓"取之于民，用之于民"。

🔗知识链接

国税与地税的区分

　　从字面上理解，国税，即国家税务；地税，即地方税务。它们都是针对各单位征收税款的机构，但由于偏重点不同，两者负责征收的税种不同。国税征收的主要是维护国家权益、实施宏观调控所必需的税种（如消费税、关税等），以及关乎国计民生的主要税种的部分税收（如增值税、企业所得税、个体户和集贸市场的增值税等）。地税主要负责征收地方征管的税种以增加地方财政收入（如耕地占用税、车船使用税等）。地税的税款征收主要结合当地实际情况来确定。由于各地政策不同，具体所交的税种也会有所不同。

二、开业税务登记

　　新开立的单位在领取工商执照之后，必须及时办理开业税务登记，保证及时向国家主管税务机关提供反映单位具体经营情况的会计资料，实现税务在单位经营过程中的监督职能。

　　（1）办理开业税务登记的时间

　　① 从事生产、经营的纳税人应当自领取执照之日起 30 日内，主动依法向国家税务机关

申报办理税务登记。

②　按照规定不需要领取营业执照的纳税人，应当自有关部门批准成立之日起 30 日内，或者自发生纳税义务之日起 30 日内，主动依法向主管国家税务机关申报办理税务登记。

（2）办理开业税务登记的地点

①　纳税的企事业单位向所在地主管税务机关申报办理税务登记。若在外地有分公司，分公司同时应向其所在地主管税务机关申报办理税务登记。

②　有固定经营地点的个体工商户向经营地主管税务机关申报办理税务登记；无固定经营地点的个体工商户向户籍所在地主管税务机关申报办理税务登记。

③　未领取营业执照，从事承包、租赁经营的纳税人，向经营地主管税务机关申报办理税务登记。

（3）办理开业税务登记（图 5-1）

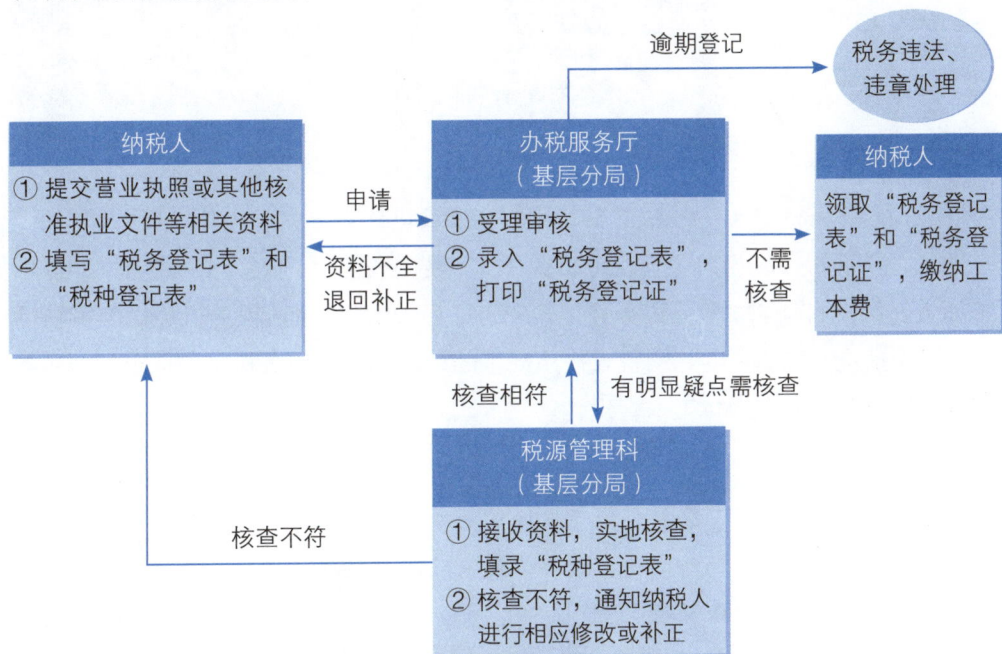

逾期登记 → 税务违法、违章处理

纳税人
①　提交营业执照或其他核准执业文件等相关资料
②　填写"税务登记表"和"税种登记表"

— 申请 →
← 资料不全退回补正 —

办税服务厅（基层分局）
①　受理审核
②　录入"税务登记表"，打印"税务登记证"

— 不需核查 →

纳税人
领取"税务登记表"和"税务登记证"，缴纳工本费

有明显疑点需核查 ↓ / 核查相符 ↑

税源管理科（基层分局）
①　接收资料，实地核查，填录"税种登记表"
②　核查不符，通知纳税人进行相应修改或补正

核查不符 →

▲ 图 5-1　开业税务登记流程

⚠️**注意**

提交的材料中，若是复印件，必须在复印件上注明"与原件一致"字样，并加盖单位公章。

例　从事生产、经营的纳税人应当自领取营业执照之日起（　　）日内，主动依法向主管国家税务机关申报办理税务登记。

A. 5　　　　　　　B. 10　　　　　　　C. 15　　　　　　　D. 30

提示　考查纳税人办理开业税务登记的时间限制。

三、税务变更登记

单位若变更名称、法定代表人、单位性质、经营场所、经营范围、开户银行及账号等内容，则应当自工商局办理变更登记之日起 30 日内，持有关证件向主管税务机关提出变更登记书面申请报告。具体流程如图 5-2 所示。

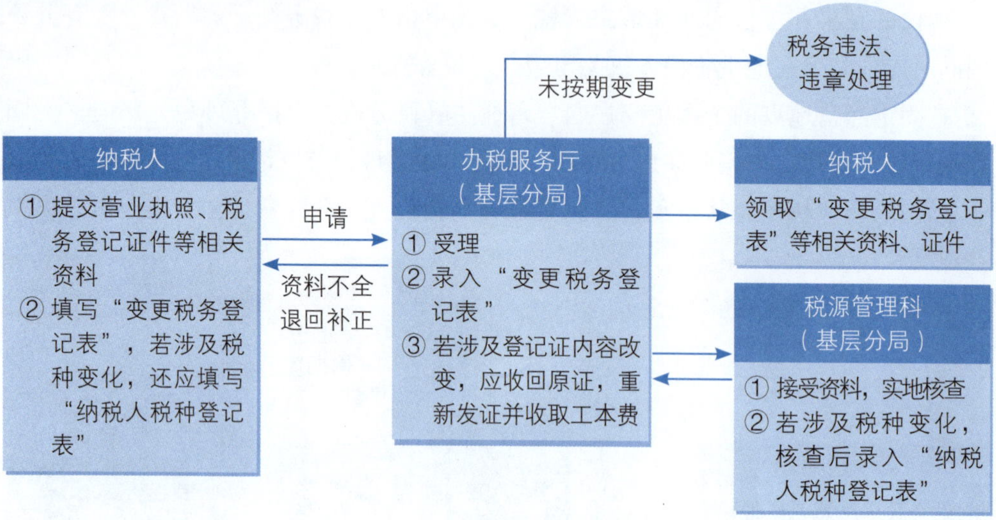

▲ 图 5-2　税务变更登记流程

办理变更登记时，应当向主管税务机关领取"变更税务登记表"，一式三份，逐项如实填写并加盖公章。自领取"变更税务登记表"之日起 10 日内报送税务机关。经审核后，报国家税务机关批准予以变更的，纳税人按照规定的期限到主管税务机关领取填发的税务登记证等有关证件，并按规定缴付工本管理费。

案例

某股份有限公司因经营需要，现变更经营场所。因为变更后仍属原主管税务机关管辖，所以在税务部门规定的时间内，该公司没有及时进行税务变更。上述案例中的股份有限公司的做法正确吗？请说明原因。

◆分析

该股份有限公司的做法不正确。根据相关规定，即使单位变更后的经营场所仍属原主管税务机关管辖，也要登记变更。对于未及时做税务变更登记的单位，在税务机关责令下仍未做变更登记的，税务机关可以对其处 2 000～10 000 元罚款。

四、税务注销登记

纳税人发生破产、解散、撤销以及其他依法应当终止履行纳税义务情况的，应当在向工商行政管理机关办理注销登记前，持有关证件向原主管国家税务机关提出注销税务登记书面申请报告。未办理工商登记的应当自有关机关批准或宣布终止之日起 15 日内，持有关证件

件向原主管国家税务机关提出注销税务登记书面申请报告。

　　纳税人因变动经营地点、住所造成其所属主管国家税务机关变更的，应当在向工商行政管理机关申报办理变更或注销工商登记前，或者在经营地点、住所变动之前申报办理注销税务登记。同时，纳税人应当自迁达地工商行政管理机关办理工商登记之日起 15 日内或在迁达地成为纳税人之日起 15 日内重新办理税务登记。其程序和手续比照开业登记办理。

　　纳税人被工商行政管理机关吊销营业执照，应当自营业执照被吊销之日起 15 日内，向原主管国家税务机关提出注销税务登记书面申请报告。

案例

　　某股份有限公司变更经营场所后，所属主管税务机关也同时变更。公司在新的经营场所经营后，出纳人员到新税务机关办理税务登记时，因未办理原所属税所的注销登记被新税务机关予以拒绝。请分析上述案例中公司的做法有何不妥，并说明原因。

◆分析

　　根据相关规定，单位在新经营场所进行税务登记前，应先在原主管税务机关办理注销税务登记，同时缴清应缴纳款项。注销完成后，才可以到新经营场所进行税务登记。而该公司变更经营场所后未做任何注销，所以被新税务机关拒绝。

探导 2　出纳工作的纠正与防范

情景导入

出纳人员在工作中不可避免地会遇到账实不符的情况。面对这种情况，出纳人员需要沉着冷静，查找原因，这就需要掌握查找和更正错账的知识。

一、错账的查找与更正

1. 发现错账的方式

① 现金日记账的期末余额与库存现金实有数不符。

② 银行存款日记账的期末余额与银行对账单的期末余额不符。

③ 现金和银行存款日记账的期末余额≠期初余额+本期收入总数−本期支出总数。

④ 现金和银行存款日记账的期末余额与其相应的总账期末余额不符。

2. 发生错账的原因

（1）记账方向错误

在记账时，账簿中的借方与贷方颠倒。把"借方"（或"贷方"）记成"贷方"（或"借方"），或把应记的"红字"（或"蓝字"）的数字误记成"蓝字"（或"红字"）。

（2）记账账簿错误

登记账簿时搞错账户，如应在现金日记账中登记的内容却记入银行存款日记账。

（3）数字移位

以大写小（少写1个或几个0），或以小写大（多写1个或几个0）。如将100写成10，或将10写成100等。

（4）邻位数字颠倒

在记账时，将某一数字中相邻的两位颠倒登记入账。一是邻数颠倒，二是隔位数字倒置。如456写成465，234写成423，501写成105等。

（5）重记或漏记

把已经登记入账的金额数字重复记入账簿，或是在登记账簿时将某一张记账凭证上的金额遗漏。

（6）其他错误

① 会计原理、准则运用错误。会计原理、准则运用错误指在会计凭证的填制、会计科目的设置、会计核算形式的选用或会计核算程序的设计等环节出现不符合会计原理、准则规定的错误。

② 计算错误。错误地确定计量单位、选择计算方法或运用计算公式，导致结账时数字打错、余额记错等。

3. 查找错账的方法

在对账过程中，可能出现各种各样的差错。常见的差错查找方法有以下几种：

（1）差数法

差数法是按照错账的差数查找错账的方法。它适合查找下列两种错账：

① 漏记或重记。因记账疏忽而漏记或重记一笔账，只要直接查找到差数的账即可。

② 串户。串户可分为记账串户和科目汇总串户。

> **例**　会计凭证上记录如下：
>
> 借：应交税费 ——城市维护建设税　　685.35
> 　　　　　　　——个人所得税　　　　500.00
> 　　　　　　　——教育费附加　　　　206.32
> 　　贷：银行存款　　　　　　　　　　　　1 391.67
>
> 假如在记账时漏记了"城市维护建设税685.35元"，那么在进行应交税费总账和明细账核对时，就会出现总账借方余额比明细账借方余额多685.35元的现象。

（2）除二法

当账账、账证或者账实不符，且差数为偶数时，首先检查记账方向是否错误。在记账时，有时出纳人员误将借方金额登记到贷方或将贷方金额登记到借方，导致一方合计数增多，而另一方合计数减少。此时，差额恰是记错方向数字的 1 倍，且差数为偶数。对于这种错误，可用差错数除以 2，得出的商数就是记账方向错误的数字，然后再到账目中寻找差错的数字。

> **例**　借：其他应收款　　　　500.00
> 　　贷：库存现金　　　　　　　500.00
>
> 登记明细账时，错把其他应收账款记入贷方。总账与明细账核对时，就会出现总账借方余额大于明细账借方余额 1 000 元，将 1 000 元除以 2，正好是贷方记错的 500 元。

（3）尾数法

对于发生的角、分的差错可以只查找小数部分，以提高查错的效率。如只差 0.03 元，只查看尾数有"0.03"的金额，看是否已将其登记入账。

（4）除九法

除九法是指用对账差额除以9来查找差错的一种方法，主要适用于以下两种错误的查找。

① 数字移位。如果差错的数额较大，先检查是否在记账时发生了数字错位。若发生这种情况，可以用除九法进行检查。

例如，将70元看成了700元并登记入账，在对账时就会出现余额差700-70=630（元），则630÷9=70（元），即70元就是应该记账的正确数额。

又如，收入现金800元，误记为80元，对账结果会出现800-80=720（元），则720÷9=80（元），即80元为差错数额。

② 相邻数字颠倒错误。例如，误将86记成68，315记成513，它们的差额分别是18和198，都可以被9整除。这样，知道错误原因后，进一步判断错在哪笔业务即可。

4. 错账的更正

错账更正既不能涂改、挖补、刮擦或者用药水消除字迹，也不能采用重新抄写的方式。错账必须按照正确的方法更正。

（1）划线更正法

划线更正法，又称红线更正，是指在结账前的核查时，发现账簿记录有错误，而其所依据的记账凭证没有错误，即只是账簿上的文字或数字的笔误。具体的更正方法如下：

① 在错误的文字或全部数字正中画一条红色横线，表示错误内容已被注销。但原有字迹必须仍可辨认，以备查找。

② 用蓝字或黑字将正确的文字或数字填写在画线部位的上方位置，并由记账人员在更正处签章，以明确责任。

假如记错账簿或记错方向，可将错误内容画红线注销后，将正确的文字记录和数字重新记入应记的账簿或方向栏内，同时在注销处加盖记账人员的签章。

（2）红字更正法

红字更正法又称红字冲销法。在会计上，以红字记录表明对原记录的冲减。红字更正法适用于以下两种情况：

① 根据记账凭证所记录的内容登账后，发现记账凭证中的应借应贷会计科目或记账方向有误，记账凭证和账簿记录的金额相吻合。更正方法如下：

a. 用红字填制一张与原错误记账凭证内容完全相同的记账凭证，据此用红字登记入账，冲销原有错误的账簿记录。

b. 用蓝字或黑字填制一张正确的记账凭证，并据此用蓝字或黑字登记入账。

例　以现金支付银行利息 800 元，在填制记账凭证时误记入"银行存款"科目，并据此登记入账，其错误记账凭证所反映的会计分录为：

借：应付利息　　　　　800.00
　贷：银行存款　　　　　　800.00

该项分录应贷内容应"库存现金"科目。在更正时，应用红字金额编制如下记账凭证：

借：应付利息　　　　　800.00
　贷：银行存款　　　　　　800.00

错误的记账凭证以红字记账更正后，表明已冲销原有错误记录，然后用蓝字或黑字填制如下正确分录，并据此登记入账。

借：应付利息　　　　　800.00
　贷：库存现金　　　　　　800.00

②根据记账凭证所记录的内容登账后，发现记账凭证中应借应贷的会计科目和记账方向都没有错误，记账凭证和账簿记录的金额相吻合，但是所记金额大于正确金额。更正的方法是将多记的金额用红字填制一张与原错误记账凭证所记载的借贷方向、应借应贷会计科目相同的记账凭证，据此登记入账，以冲销多记金额，得到正确金额。

例　用银行存款 4 000 元购买办公用品，在填制记账凭证时，误记金额为 40 000 元，但会计科目、借贷方向均无错误，其错误记账凭证所反映的会计分录为：

借：管理费用　　　　　40 000.00
　贷：银行存款　　　　　　40 000.00

在更正时，应用红字金额36 000元编制如下记账凭证进行更正。

借：管理费用　　　　　36 000.00
　贷：银行存款　　　　　　36 000.00

错误的记账凭证以红字记账更正后，即可反映其正确金额为 4 000 元。

（3）补充登记法

补充登记法又称蓝字补记法。根据记账凭证的内容登账后，发现记账凭证中应借应贷会计科目、记账方向都没有错误，记账凭证和账簿记录的金额相吻合，但是所记金额小于正确金额。更正的方法是将少记的金额用蓝字或黑字填制一张与原错误记账凭证所记载的借贷方向、应借应贷会计科目相同的记账凭证，并据此登记入账，以补记少记的金额，得到正确金额。

例 用银行存款 40 000 元购买原材料，在填制记账凭证时，误记金额为 4 000 元，但应借应贷会计科目、借贷方向均无错误，其错误记账凭证所反映的会计分录为：

借：原材料　　　　　4 000.00

　　贷：银行存款　　　　　4 000.00

在更正时，应用蓝字或黑字编制如下记账凭证进行更正：

借：原材料　　　　　36 000.00

　　贷：银行存款　　　　　36 000.00

错误的记账凭证以蓝字或黑字记账更正后，即可反映其正确金额为 40 000 元。

经验谈

错账更正方法的选择

如果记账凭证所记录的文字、金额与账簿不符，属于账簿登记有误，应采用划线更正法更正；如果记账凭证和账簿均多记或错记，应采用红字冲销法更正；如果记账凭证和账簿均少记，应采用补充登记法更正。使用红字冲销法、补充登记法时，必须清楚注明所填记账凭证（或所改记账凭证）的日期、编号以及更正说明，以便前后衔接，查实核对。

二、防范出纳工作差错

1. 出纳工作发生错误的原因

出纳是一项既繁忙又细致的工作，发生错误的主要原因如图 5-3 所示。

2. 避免工作差错的防范措施

（1）讲究工作技巧

① 在收付现金时唱收唱付。这样不但可以加深印象，与当事人核对金额，还可以取得他人的听觉旁证。

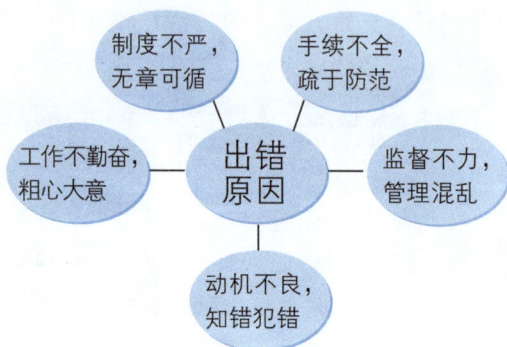

▲ 图 5-3　出纳工作发生错误的主要原因

② 对需要报销的发票，若抬头与本单位不符、大小写金额不符、发票有涂改、发票上无收款单位章或收款人章、发票与支票入账方不符，均不接受，待补办手续后入账。

③ 报销单位需先签字、后付款；收款单据需先交款、后盖章；付款单据需盖付讫章。付款单据若由他人代领现金，应签代领人名字。代领人不是本单位职工的，要注明与被代领人关系及代领人联系地址。

④ 营业外收入及杂务收入，要以经办单位、交款单位为依据，收款后填写收据递交财务。

⑤ 加强对支票、发票和收据的保管。

⑥ 登记银行存款日记账和现金日记账，先复核凭证、支票存根、附件是否一致，然后按付出支票号码顺序排列，以便查对。摘要栏应注明经办人、收款单位及支票号码。支票上的印鉴应即用即盖，且支票和印鉴由会计、出纳两人分开保管。支票用印鉴的私人印章只能盖印支票，而不能用作其他途径。

（2）做到"三勤"和"三心"（图 5-4、图 5-5）

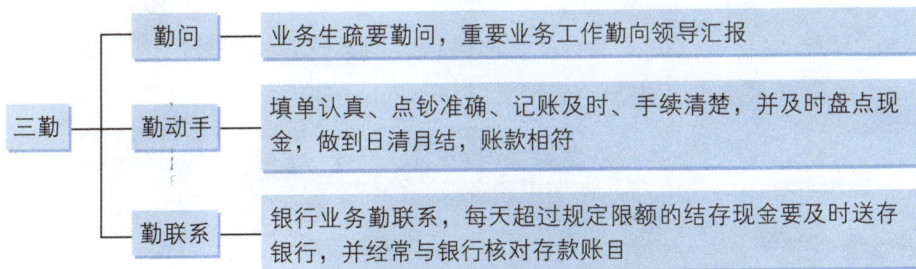

三勤	勤问	业务生疏要勤问，重要业务工作勤向领导汇报
	勤动手	填单认真、点钞准确、记账及时、手续清楚，并及时盘点现金，做到日清月结，账款相符
	勤联系	银行业务勤联系，每天超过规定限额的结存现金要及时送存银行，并经常与银行核对存款账目

▲ 图 5-4　"三勤"的内容

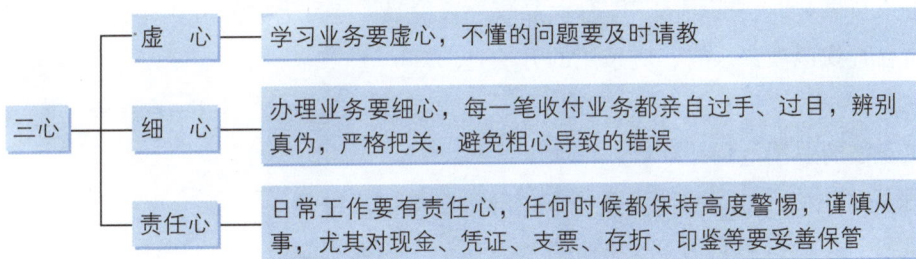

三心	虚　心	学习业务要虚心，不懂的问题要及时请教
	细　心	办理业务要细心，每一笔收付业务都亲自过手、过目，辨别真伪，严格把关，避免粗心导致的错误
	责任心	日常工作要有责任心，任何时候都保持高度警惕，谨慎从事，尤其对现金、凭证、支票、存折、印鉴等要妥善保管

▲ 图 5-5　"三心"的内容

岗位训练

一、单选题

1. 从事生产、经营的纳税人应当自领取营业执照之日起（　　　）日内，主动依法向主管国家税务机关申报办理税务登记。

   A. 5　　　　　　　　B. 10　　　　　　　　C. 15　　　　　　　　D. 30

2. 纳税人被工商行政管理机关吊销营业执照的，应当自营业执照被吊销之日起（　　　）日内，向原主管国家税务机关提出注销税务登记书面申请报告。

   A. 5　　　　　　　　B. 10　　　　　　　　C. 15　　　　　　　　D. 30

3. 纳税人办理税务登记后，应当办理变更税务登记的情形是（　　　）。

   A. 纳税人发生解散　　　　　　　　　　B. 纳税人发生破产

   C. 纳税人改变生产经营期限　　　　　　D. 纳税人发生撤销

4. 某财务人员做账时将应记入"库存商品——A 商品"科目借方的 6 000 元误记入贷方。财务人员在查找该项错账时，应采用的方法是（　　　）。

   A. 除二法　　　　　B. 除九法　　　　　C. 尾数法　　　　　D. 差数法

5. 划线更正法的适用范围是（　　　）。

   A. 记账凭证正确，在记账时发生错误，导致账簿记录错误

   B. 记账凭证上会计科目或记账方向正确，所记金额大于应记金额，导致账簿记录错误

   C. 记账凭证上会计科目或记账方向错误，导致账簿记录错误

   D. 记账凭证上会计科目或记账方向正确，所记金额小于应记金额，导致账簿记录错误

6. 某企业用银行存款 8 000 元支付短期借款利息，会计人员编制的付款凭证为借记管理费用 6 000 元，贷记银行存款 6 000 元，并已登记入账。当年发现记账错误，应采用的更正方法是（　　　）。

   A. 重编正确的付款凭证　　　　　　　　B. 划线更正法

   C. 补充登记法　　　　　　　　　　　　D. 红字更正法

7. B 部门领用原材料，实际成本为 5 000 元。编制记账凭证时误记为 500 元，并已登记入账，应采用的更正方法是（　　　）。

   A. 红字更正法　　　　　　　　　　　　B. 重新编制凭证

   C. 划线更正法　　　　　　　　　　　　D. 补充登记法

8. 在月末结账前发现所填制的记账凭证将科目方向记反，并已过账，按照有关规定，更正时应采用的错账更正方法是（　　　）。

   A. 划线更正法　　　　　　　　　　　　B. 平行登记法

   C. 补充登记法　　　　　　　　　　　　D. 红字更正法

9. 收回货款 1 500 元存入银行，记账凭证误填为 15 000 元，并已入账。错误的更正方法是（　　　）。

　　A.采用划线更正法

　　B.用蓝字借记"银行存款"，贷记"应收账款"

　　C.用蓝字借记"应收账款"，贷记"银行存款"

　　D.用红字借记"银行存款"，贷记"应收账款"

10. 对银行存款进行清查，应将（　　　）与银行的对账单进行逐笔核对。

　　A.银行存款总账　　　　　　　　　B.银行存款日记账

　　C.银行存款结算单据　　　　　　　D.支票簿

二、多选题

1. 纳税人办理纳税申报时，应当如实填写纳税申报表，并根据不同情况相应报送（　　　）有关证件和资料。

　　A.财务会计报表及说明情况

　　B.与纳税有关的合同、协议书及凭证

　　C.外出经营活动税收管理证明

　　D.境内或境外公证机构出具的有关证明文件

2. 纳税人办理税务登记后，应当办理税务变更登记的情况是（　　　）。

　　A.名称的改变　　　　　　　　　　B.增加注册资本

　　C.经营地点迁出原登记的县（市）　D.改变生产经营范围

3. 注销税务登记的适用范围有（　　　）。

　　A.纳税人因故需要歇业的

　　B.纳税人的法定代表人发生变更的

　　C.纳税人被工商行政管理机关吊销营业执照的

　　D.纳税人因住所、经营地点变更，造成其所属主管税务机关变更的

4. 下列错账查找的方法中适用于除九法的有（　　　）。

　　A.应记入某科目借方 4 000 元误记入贷方

　　B.50 写为 500

　　C.78 写为 87

　　D.将 400 写成 40

5. 下列原因导致的错账应该采用红字冲销法更正的是（　　　）。

　　A.记账凭证没有错误，登记账簿时发生错误

　　B.记账凭证的会计科目错误

　　C.记账凭证的应借应贷的会计科目没有错误，所记金额大于应记金额

　　D.记账凭证的应借应贷的会计科目没有错误，所记金额小于应记金额

6. 下列说法正确的是（　　　）。

　A. 已经登记入账的记账凭证，在当年内发现填写错误时，直接用蓝字重新填写一张正确的记账凭证即可

　B. 发现以前年度记账凭证有错误的，可以用红字填写一张与原内容相同的记账凭证，再用蓝字重新填写一张正确的记账凭证

　C. 如果会计科目没有错误只是金额错误，也可以将正确数字与错误数字之间的差额，另填制一张调整的记账凭证，调增金额用蓝字，调减金额用红字

　D. 发现以前年度记账凭证有错误的，应当用蓝字填制一张正确的记账凭证

7. 银行存款日记账与银行对账单不一致的原因可能是（　　　）。

　A. 企业出现记账错误　　　　　　　　B. 银行出现记账错误

　C. 出现未达账　　　　　　　　　　　D. 出现已达账

8. 关于银行存款余额调节表，下列说法正确的是（　　　）。

　A. 调节后的余额表示企业可以实际动用的银行存款数额

　B. 该表是通知银行更正错误的依据

　C. 该表是更正本单位银行存款日记账记录的依据

　D. 不能够作为调整本单位银行存款日记账记录的原始凭证

9. 需要调减企业银行存款日记账余额的情况是（　　　）。

　A. 银行已收销售收入，但未通知企业

　B. 银行已付水电费，但未通知企业

　C. 企业已开出支票，但支票未到达银行

　D. 银行已扣除利息，但企业未接到扣款通知

10. 编制"银行存款余额调节表"时，下列未达账项中，会导致企业银行存款日记账的账面余额小于银行对账单余额的有（　　　）。

　A. 企业开出支票，银行尚未支付

　B. 企业送存支票，银行尚未入账

　C. 银行代收货款，企业尚未接到收款通知

　D. 银行代付水费，企业尚未接到付款通知

三、综合题

1. 某企业 2015 年 3 月 20 日购买一批材料，价款 100 000 元，尚未付款。财务人员在登记账簿时，发生了以下错误：

　（1）在记账凭证中，财务人员误将"原材料"科目写成"库存商品"科目。

　（2）在记账凭证中，财务人员误将金额写为 1 000 000 元。

　（3）在记账凭证中，财务人员误将金额写为 10 000 元。

　（4）记账凭证没有错误，财务人员在登记入账时误记为 10 000 元。

　　要求：请针对不同的错误，分别指出应采用的更正方法，并为该财务人员进行更正。

2.**资料：**企业在月末结账前，经对账，发现以下错误，要求按规定的更正方法进行更正。

（1）摊销无形资产价值，应摊销金额 79 000 元，记账凭证误编如下，并已登账。

　　　借：管理费用　　　　　　89 000.00

　　　　　贷：无形资产　　　　　　　89 000 .00

（2）结转完工入库产品成本，价值为 120 000 元，记账凭证误编如下，并已登账。

　　　借：库存商品　　　　　　120 000.00

　　　　　贷：制造费用　　　　　　　120 000.00

（3）生产车间生产 A 产品领用原材料，价值 86 000 元，记账凭证误编如下，并已登账。

　　　借：生产成本　　　　　　68 000.00

　　　　　贷：原材料　　　　　　　　68 000.00

（4）支付本月产品广告费 89 000 元，记账凭证误编如下，并已登账。

　　　借：销售费用　　　　　　98 000.00

　　　　　贷：银行存款　　　　　　　98 000.00

（5）以银行存款 5 000 元偿还应付购货款，记账凭证误编如下，并已登账。

　　　借：应收账款　　　　　　5 000.00

　　　　　贷：银行存款　　　　　　　5 000.00

（6）现金购买办公用品 4 000 元，登记入账时"管理费用"科目误登记为 400 元，记账凭证误编如下。

　　　借：管理费用　　　　　　4 000.00

　　　　　贷：库存现金　　　　　　　4 000 .00

附录：常见的凭证

1. 银行汇票

付款期限 壹个月	××银行 银行汇票（卡片）		1	汇票号码 第 号

××银行
银行汇票（卡片）
1

汇票号码　第　号

出票日期（大写）	年　月　日	代理付款行：		行号：

收款人：　　　　　　　　账号：

出票金额 人民币（大写）

实际结算金额 人民币（大写）		亿	千	百	十	万	千	百	十	元	角	分

申请人：＿＿＿＿＿＿＿＿　　账号或住地：＿＿＿＿＿＿＿＿

出票行：＿＿＿＿＿＿　　行号：＿＿＿＿＿

备　注：＿＿＿＿＿＿＿＿＿＿

科目（借）：＿＿＿＿＿＿
对方科目（贷）：＿＿＿＿＿
销账日期＿＿＿＿年＿＿月＿＿日
复核　　　　　记账

复核　　　经办

此联出票行结清汇票时作汇出汇款借方凭证

▲ 银行汇票正面

注意事项

一、银行汇票和汇款解讫通知须同时提交兑付行，两者缺一无效。

二、收款人直接进账的，应在收款人盖章处加盖预留银行印章。收款人为个人的，应交验身份证件。

三、收款人如系个人，可以经背书转让给在银行开户的单位和个人，在背书人栏签章并填明被背书人名称；被背书人签章后持往开户行办理结算。

收款人盖章

年　月　日

被背书人 背书	被背书人
日期　年　月　日	

▲ 银行汇票背面

2. 商业汇票

（1）商业承兑汇票

商业承兑汇票 2

出票日期　　　年　月　日
（大写）

汇票号码

第　　号

付款人	全　称		收款人	全　称											
	账　号			账　号											
	开户银行	行号		开户银行			行号								

汇票金额	人民币（大写）	亿	千	百	十	万	千	百	十	元	角	分

汇票到期日	年　月　日	交易合同号码	

本汇票已经本单位承兑，到期日无条件支付票款。此致

收款人

付款人盖章

汇票签发人盖章

负责　　经办　　年　月　日　　　负责　　　经办

此联收款人开户行随结算凭证寄付款人

开户行作付出传票附件

▲ 商业承兑汇票正面

注 意 事 项

一、付款人于汇票到期日前须将票款足额交存开户银行，如账户存款余额不足时，银行比照空头支票处以罚款。

二、本汇票经背书可以转让。

被背书人	被背书人	被背书人
背书	背书	背书
日期　年　月　日	日期　年　月　日	日期　年　月　日

▲ 商业承兑汇票背面

（2）银行承兑汇票

<table>
<tr><td colspan="6" style="text-align:center">银 行 承 兑 汇 票</td><td>2</td><td>汇票号码</td><td rowspan="11">此联承兑行留存备查，到期支付票款时作借方凭证附件</td></tr>
<tr><td colspan="4" style="text-align:center">出票日期
（大写）　　年　月　日</td><td colspan="4"></td></tr>
<tr><td>出票人全称</td><td colspan="3"></td><td rowspan="3">收款人</td><td>全　称</td><td colspan="2"></td></tr>
<tr><td>出票人账号</td><td colspan="3"></td><td>账　号</td><td colspan="2"></td></tr>
<tr><td>付款行全称</td><td></td><td>行号</td><td></td><td>开户银行</td><td></td><td>行号</td></tr>
<tr><td>汇票金额</td><td>人民币
（大写）</td><td colspan="2"></td><td colspan="4">亿 千 百 十 万 千 百 十 元 角 分</td></tr>
<tr><td>汇票到期日（大写）</td><td colspan="3"></td><td rowspan="2">付款行</td><td>行号</td><td colspan="2"></td></tr>
<tr><td>承兑协议编号</td><td colspan="3"></td><td>地址</td><td colspan="2"></td></tr>
<tr><td colspan="4">本汇票请你行承兑，到期无条件支付</td><td colspan="4">本汇票已经承兑，到期由本行付款。
　　　　　承兑行签盖
　　　　年　　月　　日</td></tr>
<tr><td colspan="4" style="text-align:right">出票人盖章</td><td>备注：</td><td colspan="3" style="text-align:right">复核　　记账</td></tr>
</table>

🔺 银行承兑汇票正面

<table>
<tr><td colspan="2" style="text-align:center">粘　　单</td></tr>
<tr><td>被背书人</td><td>被背书人</td></tr>
<tr><td style="height:400px; vertical-align:bottom; text-align:right">背书人签章
年　月　日</td><td style="vertical-align:bottom; text-align:right">背书人签章
年　月　日</td></tr>
</table>

🔺 银行承兑汇票背面

3. 银行本票

付款期限 壹个月	××银行 **本 票**		本票号码
	签发日期 （大写）　年　月　日		第　号

收款人：　　　　　　　　　　　申请人：

凭票即付　人民币
（大写）

转账	现金

备注：

出票行盖章　　　　出纳　　复核　　经办

此联签发行结清本票时作付出传票

4. 汇兑结算凭证

中国××银行信汇（电汇）凭证（回单）

委托日期　　年　月　日　　　　第　号

	收款人	全　称		汇款人	全　称	
		账　号 或住址			账　号 或住址	
		汇入 地点	省　市县　汇入行名称		汇出 地点	省　市县　汇入行名称

金额	人民币 （大写）	亿	千	百	十	万	千	百	十	元	角	分

汇款用途

上列款项已根据委托办理，如需查询，请持此回单来行面谈。

汇出行盖章

单位主管　会计　复核　记账　　　　　　　年　月　日

5.现金解款单

××银行现金解款单

年　月　日

收款单位	全称		款项来源	
	账号		解款部门	

人民币（大写）

票面	张数	票面	张数	张数	金额	
						收款银行盖章

6. 借款单

借 款 单

借款部门：　　　　　　　　　　年　月　日

借款事由									
人民币 （大写）		万	千	百	十	元	角	分
					现 金 付 讫			

审批人：　　　会计：　　　　　出纳：　　　　　　　借款人：

7. 收据

收　　据

年　月　日　　　　　　　　　No.

兹有（交款人）＿＿＿＿＿＿＿＿＿＿＿＿＿＿＿＿＿＿＿

交来＿＿＿＿＿＿＿＿＿＿＿＿＿＿＿＿　交款方式

人民币（大写）＿＿＿＿＿＿＿＿＿＿＿＿＿＿＿　¥＿＿＿＿＿＿＿

收款单位（盖章）

年　　月　　日

会计主管：　　　　　审核：　　　　　交款人：　　　　　收款人（签章）：

8. 职工医药费报销单

职工医药费报销单

年　月　日

职工姓名：

项　　目	张数	单据金额	实报金额	
				注："收款人"栏必须在收款时才由收款人签名，不得预签。
合计				

审核：　　　　　会计：　　　　　出纳：　　　　　收款人

9.托收承付和委托收款凭证

托收凭证 （受理回单） 1

委托日期　　年　月　日

业务类型	委托收款（□邮划、□电划）	托收承付（□邮划、□电划）

付款人	全　称		收款人	全　称	
	账　号			账　号	
	地　址	省　市县　开户行		地　址	省　市县　开户行

金额	人民币（大写）		亿	千	百	十	万	千	百	十	元	角	分

款项内容		托收凭据名称		附寄单证张数	
商品发运情况		合同名称号码			

备注：　复核　记账	款项收妥日期　年　月　日	收款人开户银行签章　年　月　日

此联作收款人开户银行纳税款人的受理回单

10. 差旅费报销单

差 旅 费 报 销 单

年　月　日

姓名：	职务：	部门：
出差事由：		审批人：

起止日期及地点						交通费			住宿费			出差补贴			
月	日	起点	月	日	终点	交通工具	单据张数	金额	标准	天数	金额	项目	天数	补贴标准	金额

合计（大写）：人民币

预支金额	退回金额	补领金额	附单据　张

主管：　　　复核：　　　出纳：　　　报销人：

敬 告 作 者

为了编好这套教科书，大象出版社和编写组合作，与作品收入本套教科书的作者进行了广泛联系，得到了许多作者的大力支持。在此，我们表示衷心感谢。但是，由于一些作者地址不详，无法取得联系。敬请各位有著作权的作者尽快与我们联系，以便支付稿酬。谨致谢忱！

联系方法一：

联系地址：郑州市开元路 16 号

邮编：450044

联系电话：0371–63863505

联系方法二：

联系地址：南京市中山北路 217 号 1503 室

南京康轩文教图书有限公司　　　邮编：210009

联系电话：025–66602298